HAUSGEMACHT
MIT LIEBE
100 %
NATÜRLICH
MARKE HAUSGEMACHT
HERGESTELLT AM
MINDESTENS HALTBAR BIS
MINDESTENS HALTBAR BIS
VON MIR HERGESTELLT
100 %
GARANTIERT
natürlich
100%
HAUSGEMACHT
EIN GENUSS
EINE GAUMENFREUDE
MINDESTENS HALTBAR BIS
100 % ZUFRIEDENHEIT
100 % NATÜRLICH
HAUS
GEMACHT
Mmh! Mmh!
ORIGINAL
EINZIGARTIG
HAUSGEMACHTE KÖSTLICHKEIT
MINDESTENS HALTBAR BIS
HERGESTELLT AM
BITTE IM KÜHLSCHRANK AUFBEWAHREN

HEISSGELIEBTE KLASSIKER

100% Natur

natürlich selbst gemacht

EIN KUSS AUS DER KÜCHE

FOTOS | Guillaume Czerw

STYLING | Sophie Dupuis-Gaulier

EDITION FISCHER

Für Philippe, Virgile und Rodrigue, die liebenswürdigsten und eifrigsten Testpersonen.

FÜR OLIVER, PIERRE, NICOLAS, DELPHINE, MICHEL, MIREILLE, CAROLINE, JÉRÔME, ADRIEN, GAÉTAN, MAYALEN, PATRICK, SOPHIE, DELPHINE, VALÉRIE, QUITTERIE, FANNY, CÉCILE UND JULIEN, DIE GANZ GEWISSENHAFT GEWOGEN, GEKOSTET, KRITISIERT UND ERMUTIGT HABEN.

INHALT

100%
HAUSGEMACHT
MIT
LIEBE
GEMACHT
100%
NATÜRLICH
100%
NATUREL

EINLEITUNG

Flammkuchen, Hotdogs, Mousse au Chocolat und Popcorn: All diese köstlichen Klassiker aus dem Supermarkt machen uns das Leben schöner und versüßen uns den Alltag! Doch oft lassen sie uns vergessen, dass sich unter ihrem Etikett auch Zutaten verbergen, die man nicht im Übermaß zu sich nehmen sollte.

Aber das können Sie ganz leicht ändern! Backen und kochen Sie doch einfach die großen Klassiker der Köstlichkeiten zu Hause 100 % natürlich nach. Klar: Selbst gemacht bedeutet, dass dabei die Küche schmutzig wird und es nicht ganz so schnell geht. Aber es macht auch viel mehr Spaß! Und wenn Sie erst mal auf den Geschmack gekommen sind: Haben Sie schon mal daran gedacht, Ihr eigenes Ketchup und Ihren eigenen Senf (Vorsicht, scharf!) herzustellen oder Backpulver (im Handumdrehen) und eine Nuss-Nugat-Creme (himmlisch lecker)? Aber Achtung: Wenn Sie einmal davon gekostet haben, werden Sie künftig nichts anderes mehr wollen!

AUF GEHTS ZU IHREN HEISSGELIEBTEN KLASSIKERN! STELLEN SIE IHREN SPEISEPLAN NEU ZUSAMMEN! UND KREIEREN SIE IHRE EIGENE MARKE – MIT SELBST BESCHRIFTETEN ETIKETTEN!

EINFACH

NUSS-NUGAT-CREME

FÜR 1 GLAS À 220 G

VORBEREITUNG
10 Min.

BACKZEIT
15 Min.

ZUTATEN

100 g ganze Haselnüsse, ungeschält

100 g Nuss-Nugat-Schokolade

70 g ungezuckerte Kondensmilch

1 TL ungezuckertes Kakaopulver

½ TL Vanilleextrakt (oder das Mark einer ⅛ Vanilleschote)

1 TL Sonnenblumen- oder Haselnussöl

1 Prise Salz

MMMH! DIESER FEINE HASELNUSS- UND SCHOKOLADENGESCHMACK UND SO CREMIG! EINE WAHRE KALORIENBOMBE! BEKANNTLICH IST DIE NASCHSUCHT EINE KLEINE CHARAKTERSCHWÄCHE, DOCH BEI DIESER CREME MÖCHTE MAN IHR IMMER WIEDER VERFALLEN …

| Den Backofen auf 180 °C (Umluft 160 °C) vorheizen.

| Die Nüsse in einer einzigen Schicht in eine flache Kuchenform (z. B. Tarteform) geben und 15 Min. rösten.

| Aus dem Backofen nehmen und 5 Min. abkühlen lassen. Die Nüsse zwischen den Händen reiben, um die braune Schale zu entfernen. Mit einem Blitzhacker oder einer elektrischen Kaffeemühle zu feinem Mehl zermahlen und in eine Schüssel umfüllen.

| In einem Topf die Nuss-Nugat-Schokolade zusammen mit der Kondensmilch schmelzen und über das Nussmehl gießen.

| Kakao, Vanilleextrakt, Öl und Salz dazugeben. Das Ganze in einem Standmixer oder mit einem Pürierstab gründlich pürieren, bis eine möglichst glatte Struktur entsteht.

| In ein sterilisiertes Glas (siehe S. 140) füllen, dieses verschließen und im Kühlschrank aufbewahren.

HALTBARKEIT | im Kühlschrank 2 Wochen

TIPP

DIE UNGEZUCKERTE KONDENSMILCH KÖNNEN SIE DURCH FLÜSSIGE SAHNE ERSETZEN.

100%
NATÜRLICH

EINFACH

ERDBEERKONFITÜRE NACH GROSSMUTTERS ART

FÜR ETWA 3 GLÄSER À 220 G

VORBEREITUNG
15 Min.

KÜHLZEIT
1 Nacht

KOCHZEIT
15 Min.

ZUTATEN
600 g Erdbeeren (entspricht etwa 550 g reine Früchte, ohne Stiele)

400 g Gelierzucker

Saft von ¼ Zitrone

UNHEIMLICH SÜSS UND RICHTIG SCHÖN KLEBRIG! WAS WÄRE EINE SCHEIBE BROT OHNE SIE?

| Erdbeeren waschen, trocken tupfen und entstielen. In kleine Stücke schneiden.

| In einer Schüssel mit dem Zucker, dem Zitronensaft und 50 ml Wasser verrühren. Zudecken und über Nacht im Kühlschrank ruhen lassen.

| Am nächsten Tag die Gläser sterilisieren (siehe S. 140).

| Den Inhalt der Schüssel in einen Marmeladentopf oder großen Kochtopf geben und aufkochen. Gleich danach die Erdbeeren mit einem Schaumlöffel herausnehmen und den Sirup auf 105 °C erhitzen (Temperatur mithilfe eines Zuckerthermometers überprüfen).

| Erdbeeren in den Topf zurückgießen, erneut aufkochen und 10 Min. sprudelnd kochen lassen.

| Die Marmelade in sterilisierte Gläser füllen, diese sofort verschließen und auf den Kopf stellen, bis die Erdbeerkonfitüre vollständig abgekühlt ist.

HALTBARKEIT | ungeöffnet 6 Monate, nach dem Öffnen etwa 3 Wochen

TIPP

FÜR EINEN NOCH INTENSIVEREN GESCHMACK AM ENDE DER KOCHZEIT ETWAS SCHWARZEN PFEFFER (3 UMDREHUNGEN DER MÜHLE) HINZUGEBEN. RAFFINIERT UND NICHT ALLTÄGLICH.

hand made

EINFACH

HAPPY MÜSLI

FÜR ETWA 700 G

VORBEREITUNG
5 Min.

KOCHZEIT
5 Min.

ZUTATEN
300 g Haferflocken

50 g ganze Haselnüsse

50 g getrocknete Apfelringe

75 g Weizenkleie

75 g Mais-Flakes

75 g Rosinen

40 g brauner Rohrzucker

3 Prisen Salz

ES GIBT NICHTS BESSERES FÜR EINEN GUTEN START IN DEN TAG: GETREIDEFLOCKEN, TROCKENFRÜCHTE, NÜSSE! EINFACH MILCH DARÜBERGIESSEN, ÜBER EINEN NATURJOGHURT STREUEN ODER ZUSAMMEN MIT FRISCHEM OBST KNABBERN.

| Haferflocken in einer Pfanne trocken goldbraun rösten und auf einem Teller beiseitestellen.

| In derselben Pfanne die Haselnüsse 2–3 Min. rösten und zusammen mit den getrockneten Apfelringen grob hacken.

| In einer Schüssel Haferflocken, Haselnüsse, Äpfel, Weizenkleie, Mais-Flakes, Rosinen, Zucker und Salz mischen.

| Das Müsli in ein luftdichtes Gefäß oder ein Schraubglas füllen. Mit Milch oder Joghurt servieren.

HALTBARKEIT | in einem luftdicht verschlossenen Glas etwa 3 Monate

TIPP

SIE KÖNNEN DAS REZEPT GANZ NACH IHREM BELIEBEN ABWANDELN: MIT MANDELN, CASHEWKERNEN, KÜRBISKERNEN, DINKEL- ODER QUINOA-FLOCKEN ETC. ALLES IST ERLAUBT!

 EINFACH

SCHOKO-CRUNCHY

FÜR ETWA 600 G

VORBEREITUNG
10 Min.

BACKZEIT
45–50 Min.

ZUTATEN
3 EL Sonnenblumenöl

100 g brauner Rohrzucker

4 EL Honig

1 EL Zimt

300 g Haferflocken

100 g Mais-Flakes

75 g Haselnüsse, gehackt

50 g Kokosraspel

1 EL Salz

100 g Schokolade nach Wahl (zartbitter, weiß, Vollmilch-), gehackt

SELBST GEMACHTES CRUNCHY IST WIRKLICH TOTAL EINFACH UND KANN GERADEZU SÜCHTIG MACHEN! WAS AM ANFANG WIE EIN MÜSLI AUSSIEHT, WANDERT MIT LAUTER LECKEREN SACHEN IN DEN BACK-OFEN UND WIRD DORT UNWIDERSTEHLICH KNUSPRIG! AUSSERDEM KANN MAN ES GANZ NACH DEM PERSÖNLICHEN GESCHMACK GARNIEREN: MIT KIRSCHEN, SCHOKOLADE, HASELNÜSSEN – ENTSCHEIDEN SIE SELBST!

| Den Backofen auf 150 °C (Umluft 130 °C) vorheizen.

| In einem Topf Öl, Zucker, Honig und Zimt erhitzen, bis sich der Zucker vollständig aufgelöst hat.

| In einer großen Schüssel Haferflocken, Mais-Flakes, Haselnüsse, Kokosraspel und Salz mischen. Die flüssige Zucker-Honig-Mischung dazugießen und alles verrühren.

| Die Masse auf zwei Backblechen oder Fettpfannen verteilen. Im Backofen 40–45 Min. backen, dabei alle 10 Min. durchrühren, damit die Masse nicht verbrennt.

| Aus dem Backofen nehmen und auskühlen lassen.

| Die Crunchy-Mischung mit der gehackten Schokolade mischen und das Ganze in einen luftdichten Behälter (Blechdose oder Schraubglas) füllen.

HALTBARKEIT | in einem luftdichten Behälter 3 Monate

Mittel

SÜSSE BRÖTCHEN MIT SCHOKODROPS

FÜR 30 BRÖTCHEN

VORBEREITUNG
30 Min.

RUHEZEIT
1 Std. 15 Min.

BACKZEIT
20 Min.

ZUTATEN

1 Päckchen Trockenbackhefe oder 10 g frische Hefe

30 g flüssiger Honig (Akazien- oder Blütenhonig)

500 g Mehl (Type 405 oder 550)

20 g Zucker

¼ TL Salz

2 Eier in Bioqualität

100 ml Sonnenblumenöl

2 TL Vanilleextrakt (oder das Mark einer ½ Vanilleschote)

Mehl für die Arbeitsfläche

160 g Schokostückchen (nach Belieben Zartbitter- oder Vollmilchschokolade)

Öl für das Backbleck

Milch oder 1 verquirltes Eigelb zum Bestreichen, damit die Brötchen schön braun werden

DIESE VERFÜHRERISCH WEICHEN, ABER BISSFESTEN SÜSSEN BRÖTCHEN MIT SCHOKOSTÜCKCHEN ENTHALTEN WEDER MILCH NOCH BUTTER. SO HABEN SIE EIN SUPERLECKERES FRÜHSTÜCK OHNE GEHÄRTETE FETTE.

| Die Hefe in 250 ml lauwarmem Wasser und dem Honig auflösen.

| Mehl, Zucker und Salz in eine große Schüssel geben und vermischen. Eine Mulde hineindrücken. Eier, Öl, Vanilleextrakt sowie die im Honig aufgelöste Hefe in die Mulde gießen und mit einem Holzlöffel verrühren.

| Wenn die gesamte Flüssigkeit untergemischt ist, den Teig etwa 10 Min. mit der Hand kneten, bis er sich vom Schüsselrand löst. Man kann auch eine Küchenmaschine oder ein Handrührgerät mit Knethaken verwenden. Mit einem feuchten Geschirrtuch abdecken und den Teig 1 Std. gehen lassen.

| Den Backofen auf 150 °C (Umluft 130 °C) vorheizen.

| Den Teig kräftig durchkneten, um die Luftblasen entweichen zu lassen, und auf die leicht bemehlte Arbeitsfläche kippen. Mit den Händen grob ausziehen und mit den Schokostückchen bestreuen. Um sie gleichmäßig zu verteilen, Teig nochmals kurz durchkneten.

| Teig in 30 gleiche, etwa 40 g schwere Portionen teilen. Auf ein eingefettetes Backblech legen, mit einem feuchten Geschirrtuch abdecken und noch 15 Min. gehen lassen.

| Die Brötchen mit Milch oder Eigelb bestreichen, im Backofen etwa 20 Min. backen, bis sie aufgegangen und goldbraun sind.

| Aus dem Backofen nehmen und auf einem Rost auskühlen lassen.

HALTBARKEIT | in Alufolie 3 Tage – Diese Brötchen eignen sich gut zum Einfrieren.

100 % NATÜRLICH
HAUS
GEMACHT

Mittel

JERRY'S DAS WEICHE „ENGLISCHE" TOASTBROT

FÜR 2 MITTELGROSSE BROTE

VORBEREITUNG
15 Min.

RUHEZEIT
1 Std. 45 Min.

BACKZEIT
35 Min.

ZUTATEN

1 Päckchen Trockenbackhefe oder 10g frische Hefe

150ml fettarme Milch

500g Mehl

20g Zucker

1 TL feines Salz

60ml Sonnenblumen- oder Rapsöl

¼ TL weißer Branntweinessig

Öl für die Backformen

SO ZART UND FLAUMWEICH, DASS MAN FAST VERSUCHT SEIN KÖNNTE, DIE NACHT ZU VERLÄNGERN UND DIE WANGE DARAUFZULEGEN WIE AUF EIN KOPFKISSEN ... OB GETOASTET ODER NICHT, MIT BUTTER ODER MARMELADE BESTRICHEN – ES VERLOCKT AUCH ZUM AUFSTEHEN!

| Hefe in der Milch und 150ml lauwarmem Wasser auflösen.

| In einer großen Schüssel Mehl, Zucker und Salz verrühren. In die Mitte eine Mulde drücken und die aufgelöste Hefe hineingießen. Öl und Essig hinzugeben und mit einem Holzlöffel vermengen.

| Wenn die ganze Flüssigkeit aufgesaugt ist, die Masse in 10 Min. zu einem glatten, geschmeidigen und etwas klebrigen Teig verkneten. Man kann auch eine Küchenmaschine oder ein Handrührgerät mit Knethaken verwenden. Mit einem feuchten Geschirrtuch abdecken und 1 Std. bei Zimmertemperatur gehen lassen.

| Den Teig kräftig durchkneten, um die Luftblasen entweichen zu lassen. In 6 gleich große Stücke (von jeweils etwa 150g) teilen. Durch Rollen auf der Arbeitsfläche zu Kugeln formen. In 2 eingefettete Kastenformen geben, zudecken und 45 Min. gehen lassen.

| Nach 30 Min. den Backofen auf 180 °C (Umluft 160 °C) vorheizen. Kastenformen in den Ofen schieben und die Brote 35 Min. goldbraun backen.

| Aus dem Backofen nehmen und auf einem Rost auskühlen lassen.

HALTBARKEIT | in eine Papiertüte eingepackt im Kühlschrank 3 Tage – Dieses Toastbrot eignet sich sehr gut zum Einfrieren, idealerweise in Scheiben geschnitten, damit es nicht bröckelig wird.

EINFACH

TRINKSCHOKOLADE

FÜR 1 DOSE
(15 TASSEN À 200 ML)

VORBEREITUNG
5 Min.

KOCHZEIT
1–2 Min.

ZUTATEN
300g Vollmilchschokolade

200g Zartbitterschokolade

40g Zucker

50g ungezuckertes Kakaopulver

40g Maisstärke

1 Prise Salz

ZWAR IST DIESE TRINKSCHOKOLADE NICHT GANZ SO SCHNELL FERTIG WIE DAS INSTANT-PRODUKT AUS DEM SUPERMARKT, DAFÜR SCHMECKT SIE ABER EINDEUTIG BESSER! EINE MINUTE BEI NIEDRIGER HITZE FÜR EIN ECHTES SCHLEMMERGETRÄNK, DAS LOHNT SICH IN DER TAT!

| In einer Küchenmaschine oder mit einem Handrührgerät Schokolade, Zucker, Kakao, Maisstärke und Salz kräftig mischen.

| Die Mischung in einem Schraubglas oder einem luftdichten Behälter aufbewahren.

| Um eine Tasse heiße Schokolade zuzubereiten, 200ml frische Milch zum Kochen bringen. Einen gehäuften EL Schokoladen-Mischung dazugeben, einrühren und erneut aufkochen, damit die Mischung dickflüssig wird. Servieren!

HALTBARKEIT | in einem luftdichten Behälter 6 Monate

TIPP

WENN MAN VOLLMILCHSCHOKOLADE VERWENDET, ERHÄLT MAN EIN GETRÄNK, DAS PERFEKT GESÜSST IST UND VANILLEGESCHMACK HAT. WENN SIE LUST AUF EINE KRÄFTIGERE SCHOKOLADE HABEN, KÖNNEN SIE AUSSCHLIESSLICH DUNKLE SCHOKOLADE VERWENDEN. NEHMEN SIE 30 G ZUCKER MEHR UND GEBEN SIE DAS MARK EINER HALBEN VANILLESCHOTE HINZU.

Mittel

KÖSTLICHE SCHWEDISCHE BRÖTCHENHÄLFTEN

FÜR 28 STÜCK

VORBEREITUNG
25 Min.

RUHEZEIT
1 Nacht + 2 Std.

BACKZEIT
30–35 Min.

ZUTATEN

1 Päckchen Trockenbackhefe oder 10g frische Hefe

250g Mehl, Type 405

250g dunkles Weizenmehl, Type 1050

40g Zucker

¾ TL feines Salz

40ml Rapsöl

Öl für das Backblech

ORIGINELLER ALS ZWIEBACK, KRÄFTIGER GEBACKEN ALS TOASTBROT: LÄNGLICHE BRÖTCHEN, DIE MAN HALBIERT UND DANN NOCHMALS RÖSTET, UM SIE HALTBAR ZU MACHEN.

| Hefe in 280 ml lauwarmem Wasser auflösen.

| Mehl, Zucker und Salz in einer großen Schüssel mischen. Aufgelöste Hefe und Öl dazugeben. Nach und nach mit einem Holzlöffel unterrühren.

| Wenn die ganze Flüssigkeit aufgesaugt ist, den Teig 10 Min. von Hand kneten. Man kann auch eine Küchenmaschine oder ein Handrührgerät mit Knethaken verwenden. Mit Frischhaltefolie oder einem leicht angefeuchteten Geschirrtuch abdecken und an einem warmen Ort 1 Std. gehen lassen.

| Backofen auf 200 °C (Umluft 170–180 °C) vorheizen.

| Den Teig in 14 gleich große Portionen teilen. Mit bemehlten Händen 7–8 cm lange und 2–3 cm breite ovale Schiffchen formen.

| Auf ein eingefettetes Backblech setzen, genügend Abstand lassen. Mit einem feuchten Tuch abdecken und noch 30 Min. gehen lassen.

| Brötchen 15 Min. backen, dabei im Auge behalten. Aus dem Backofen nehmen und auf einem Rost 30 Min. auskühlen lassen.

| Backofen auf 180 °C (Umluft 150 °C) vorheizen. Die Brötchen mithilfe einer Gabel zerteilen, damit sie wie original schwedische geröstete Brötchen aussehen. Mit der Schnittfläche nach oben auf ein Backblech legen und in 15–20 Min. goldgelb rösten.

| Die Backofentür einen Spalt weit öffnen und mit einem eingeklemmten Holzkochlöffel offen halten. Die Brötchen über Nacht auskühlen lassen, damit sie vollständig trocknen.

HALTBARKEIT | in einer luftdichten Blechdose 3 Wochen

EINFACH

JOGHURT
AUS DER JOGHURTMASCHINE

FÜR 8 BECHER À 125 G

VORBEREITUNG
5 Min.

KOCHZEIT
6–9 Std.

KÜHLZEIT
3 Std.

ZUTATEN

1 Becher Naturjoghurt aus dem Supermarkt oder von einer früheren Zubereitung

800 ml Milch (Vollmilch, fettarme oder Magermilch)

2–6 EL Milchpulver (nach Belieben)

DIE EINFACHSTE UND SCHNELLSTE METHODE!

| Joghurt in eine Schüssel oder einen Krug mit Ausgießer geben. Milch in Zimmertemperatur zugießen und mit einem Rührspatel aus Holz oder Silikon verrühren.

| Falls nötig, Milchpulver hinzugeben. Je mehr Sie nehmen, desto fester wird der Joghurt. Je niedriger der Fettgehalt der Milch ist, desto mehr Milchpulver muss hinzugegeben werden.

| Die Mischung in die Becher der Joghurtmaschine füllen. Das Gerät schließen und nach der Bedienungsanleitung anschalten. Die Joghurtmaschine 6–9 Std. geschlossen lassen: Achten Sie darauf, dass sie auf einem stabilen Untergrund steht, vor allem nicht auf einer Fläche, die vibrieren kann (Waschmaschine, Geschirrspülmaschine).

| Die Joghurtmaschine öffnen, die Joghurtbecher mit Deckeln verschließen und vor dem Servieren für mindestens 3 Std. kalt stellen.

HALTBARKEIT | im Kühlschrank 8–10 Tage

TIPP

DER GESCHMACK DES JOGHURTS HÄNGT IN ERSTER LINIE VOM GEWÄHLTEN AUSGANGSFERMENT AB: NEHMEN SIE ALS GRUNDLAGE IHRE LIEBLINGSNATURJOGHURTS UND MACHEN SIE MEHRERE VERSUCHE!

EINFACH

AUS DEM BACKOFEN ODER DEM SCHNELLKOCHTOPF – SIE HABEN DIE WAHL! IN BEIDEN FÄLLEN ERHALTEN SIE ZIEMLICH FESTE JOGHURTS.

FÜR 8 BECHER À 125 G

VORBEREITUNG
5 Min.

KOCHZEIT
3 Std. im Backofen oder
8 Std. im Schnellkochtopf

KÜHLZEIT
3 Std.

ZUTATEN

800 ml Milch (Vollmilch, fettarme oder Magermilch)

1 Becher Naturjoghurt oder Joghurtferment

2–6 EL Milchpulver (nach Belieben)

JOGHURT AUS DEM BACKOFEN

| Backofen auf 50 °C (Umluft 40 °C) vorheizen.

| Die Milch in einem Topf auf maximal 45 °C erhitzen (Temperatur mit einem Küchenthermometer überprüfen). Joghurt in eine Schüssel geben, die lauwarme Milch nach und nach zugießen, mit einem Spatel unterrühren. Falls nötig, Milchpulver hinzugeben.

| In 8 Glas- oder Steingutbecher füllen und diese auf ein Backblech stellen.

| Die Joghurts für 3 Std. in den Backofen schieben, danach den Ofen ausschalten. Die Joghurts noch 5 Std. fest werden lassen, erst dann die Backofentür öffnen.

| Die Becher mit Deckeln oder mit Frischhaltefolie verschließen und für mindestens 3 Std. kalt stellen.

JOGHURT AUS DEM SCHNELLKOCHTOPF

| Den Schnellkochtopf mit 500 ml Wasser füllen. Den Deckel mit dem Ventil luftdicht verschließen und den Gardruck erhöhen.

| Milch in einem Topf auf maximal 45 °C erhitzen (Temperatur mit einem Küchenthermometer überprüfen). Joghurt in eine Schüssel geben, lauwarme Milch nach und nach zugießen, mit einem Spatel unterrühren. Falls nötig, Milchpulver hinzugeben. Die Mischung in 8 Glas- oder Steingutbecher füllen.

| Im Schnellkochtopf den Dampf entweichen lassen und das Wasser abgießen. Die Joghurtbecher hineinstellen und den Deckel mit dem Ventil wieder luftdicht verschließen. Über Nacht im Schnellkochtopf lassen.

| Den Schnellkochtopf öffnen, die Joghurtbecher mit Deckeln verschließen und für 3 Std. kalt stellen.

HALTBARKEIT | im Kühlschrank 8–10 Tage

EINFACH

JOGHURT NACH GRIECHISCHER ART

FÜR 1 GROSSEN BECHER

VORBEREITUNG
5 Min.

KOCHZEIT
3–8 Std.

KÜHLZEIT
2–4 Std.

ZUTATEN
1 l Vollmilch, vorzugsweise Frischmilch

Joghurtferment oder 1 Becher Schafsjoghurt

DIESER SUPERSAHNIGE JOGHURT IST EINFACHER HERZUSTELLEN, ALS MAN DENKT. SEINE KONSISTENZ VERDANKT ER DEM „ABTROPFEN-LASSEN". AM BESTEN GENIESST MAN IHN MIT DEN LIEBEN ZU HAUSE!

| Milch in einem Topf auf 45 °C erhitzen (Temperatur mit einem Küchenthermometer überprüfen). Joghurtferment oder Schafsjoghurt dazugeben und unterrühren. Falls nötig, mit einem Pürierstab glatt rühren.

| Die Mischung in ein großes Gefäß, am besten eine Glasschale, füllen. Den Joghurt im Backofen oder im Schnellkochtopf 3–8 Std. fest werden lassen (siehe S. 19).

| Den entstandenen Joghurt in ein mit einem sauberen Geschirrtuch ausgelegtes feinmaschiges Sieb geben und dieses über eine Schüssel legen, um die Flüssigkeit aufzufangen. Das Ganze in den Kühlschrank stellen und den Joghurt 2–4 Std. abtropfen lassen.

| Sobald er fest genug ist, in einen luftdichten Behälter umfüllen oder gleich verzehren.

HALTBARKEIT | im Kühlschrank 1 Woche

GUT ZU WISSEN

IN GRIECHENLAND BEREITET MAN DIESEN JOGHURT AUCH ZU, INDEM MAN DAS GEFÄSS MINDESTENS 10 STUNDEN BEI ZIMMERTEMPERATUR STEHEN LÄSST. DAS FUNKTIONIERT ... ABER NUR IM SOMMER, WENN ES WARM IST! DIE HANDELSÜBLICHEN JOGHURTS NACH GRIECHISCHER ART WERDEN NACH DEM ABTROPFEN MIT SAHNE VERFEINERT.

★ ★ ★ *einfach köstlich!* ★ ★ ★

EINFACH

SCHOKOCREME-DESSERT

FÜR DIESE KÖSTLICHE, VOLLMUNDIGE SCHOKOLADENCREME STEHT MAN MORGENS DOCH GERNE AUF!

FÜR 4 BECHER À 150 ML

VORBEREITUNG
10 Min.

KOCHZEIT
5 Min.

KÜHLZEIT
3 Std.

ZUTATEN

70g Zucker

35g ungezuckertes Kakaopulver

15g Maisstärke

400ml fettarme Milch

100ml süße Sahne

20g Zartbitterschokolade

1g Agar-Agar

| In einer Schüssel Zucker, Kakao und Maisstärke vermischen. Milch und Sahne mithilfe eines Pürierstabs einrühren.

| Die Mischung in einen Topf gießen und langsam zum Kochen bringen.

| Die in Stücke geschnittene Schokolade und das Agar-Agar gleich dazugeben. Unter ständigem Rühren 3–4 Min. köcheln lassen, bis die Masse eingedickt ist.

| In 4 Schälchen füllen und abkühlen lassen, für mindestens 3 Std. in den Kühlschrank stellen.

HALTBARKEIT | im Kühlschrank 1 Woche

AGAR-AGAR, AUCH CHINESISCHE ODER JAPANISCHE GELATINE GENANNT, WIRD AUS ROTALGEN GEWONNEN UND IN JAPAN SCHON LANGE ALS NATÜRLICHES GELIERMITTEL EINGESETZT. ALS LEBENSMITTELZUSATZSTOFF TRÄGT ES IN DER EU DIE NUMMER E 406.

GUT ZU WISSEN

MINDEST
ALTBAR BIS

EINFACH

FLAN MIT KARAMELLSOSSE

FÜR 6 FÖRMCHEN

VORBEREITUNG
10 Min.

KOCHZEIT
10 Min.

KÜHLZEIT
3 Std.

ZUTATEN

FÜR DIE KARAMELLSOSSE

100g Zucker

1 TL Honig

½ TL Zitronensaft

FÜR DIE CREME

60g Zucker

700ml fettarme Milch

15g Maisstärke

1 EL flüssiger Vanilleextrakt

2g Agar-Agar

JEDER LIEBT SIE, DIE ZARTEN, SAHNIGEN KLEINEN FLANS, DIE AUS DER FORM AUF DEN TELLER GESTÜRZT WERDEN! DAS KOMPLIZIERTESTE DABEI IST DIE KARAMELLSOSSE. SIE GELINGT JEDOCH PROBLEMLOS, WENN MAN SIE DIREKT IN DER PFANNE MACHT.

| Die Karamellsoße zubereiten: Zucker in einer einzigen dünnen Schicht in eine große Pfanne geben. Erhitzen, ohne den Zucker zu berühren oder umzurühren: Er schmilzt und karamellisiert. Die Pfanne nach allen Seiten neigen, damit die Karamellschicht gleichmäßig wird. Sobald der Karamell intensiv goldgelb ist, vom Herd nehmen und Honig und Zitronensaft hinzufügen. 2 Min. abkühlen lassen und die Förmchen damit ausgießen. Das Ganze ins Gefrierfach stellen, während man die Creme zubereitet.

| Die Creme zubereiten: Alle Zutaten mit einem Pürierstab oder in einem Standmixer mischen.

| Das Ganze in einen Topf geben und unter ständigem Rühren aufkochen. 2 Min. köcheln lassen, dabei weiter umrühren. In die Förmchen füllen und diese mit Frischhaltefolie oder einem Deckel verschließen.

| Vor dem Servieren für 3 Std. ins Gefrierfach stellen.

HALTBARKEIT | in zugedeckten Förmchen im Kühlschrank 3–4 Tage

EINFACH

WUSSTEN SIE SCHON? IM GEGENSATZ ZUM REZEPT IHRER GROSSMUTTER ENTHALTEN DIE MEISTEN IM SUPERMARKT VERKAUFTEN MOUSSES AU CHOCOLAT KEIN EI. MAN KANN SICH DARAN ORIENTIEREN UND EINE GANZ LEICHTE MOUSSE AUF DER BASIS VON SCHLAGSAHNE ZUBEREITEN. SIE KÖNNEN WÄHLEN, WELCHE IHNEN LIEBER IST.

MOUSSE AU CHOCOLAT WIE BEI OMA

FÜR 6 PERSONEN

VORBEREITUNG
20 Min.

KOCHZEIT
10 Min.

KÜHLZEIT
6 Std.

ZUTATEN

200 g Zartbitterschokolade

6 Eier in Bioqualität

20 g leicht gesalzene Butter

1 Prise Salz

1 EL Puderzucker

| Schokolade im Wasserbad schmelzen.

| Eier trennen. Schokolade vom Herd nehmen und die Eigelbe hineingeben. Kräftig umrühren und die in kleine Stücke geschnittene Butter dazugeben.

| Eiweiße zusammen mit dem Salz steif schlagen und Puderzucker hinzufügen. Weiterschlagen, bis die Masse schaumig ist und glänzt.

| Ein Drittel des Eischnees in die Schokoladenmasse geben und mit dem Schneebesen unterheben, damit die Masse leichter wird.

| Den restlichen Eischnee hinzugeben und vorsichtig unter die Schokoladenmasse heben, am besten mit einem Spatel, damit der Eischnee nicht zusammenfällt.

| Das Gefäß mit Frischhaltefolie abdecken und für mindestens 6 Std. in den Kühlschrank stellen, bis die Mousse fest ist.

HALTBARKEIT | im Kühlschrank 24 Stunden

EINFACH

MOUSSE AU CHOCOLAT LIGHT

FÜR 6 PERSONEN

VORBEREITUNG
15 Min.

KOCHZEIT
10 Min.

KÜHLZEIT
8 Std.

ZUTATEN
1 Blatt Gelatine

170 g Zartbitterschokolade

125 ml Vollmilch

250 ml Schlagsahne, gut gekühlt

| Am Vortag die Blattgelatine in kaltem Wasser einweichen. Schokolade in Stücke schneiden und im Wasserbad schmelzen.

| Milch zum Kochen bringen, vom Herd nehmen, die Gelatine mit den Händen ausdrücken und dazugeben. Die Mischung nach und nach, in drei Etappen, über die Schokolade gießen, dabei jedes Mal kräftig umrühren. Die entstandene Masse sollte glatt und glänzend sein.

| Die Sahne mit einem Handrührgerät schlagen, bis sie nicht mehr glänzt und auf das doppelte Volumen angewachsen ist: Sie sollte wie Rasierschaum aussehen.

| Die Schokoladenmasse etwa 5 Min. abkühlen lassen, auf 45–50 °C (Temperatur mit einem Küchenthermometer überprüfen). Anschließend über die Schlagsahne gießen und mit einem Spatel vorsichtig unterziehen. Falls Ihnen die Masse recht flüssig vorkommt, keine Sorge: Sie wird im Kühlschrank fest.

| Mit Frischhaltefolie abdecken und für mindestens 8 Std. kalt stellen.

HALTBARKEIT | im Kühlschrank, mit Frischhaltefolie abgedeckt, 2–3 Tage

TIPP

FÜR EINE MOUSSE MIT PERFEKTER KONSISTENZ SCHLAGEN SIE DIE EIWEISSE ZUERST MIT DEM SCHNEEBESEN UND ZUM SCHLUSS MIT EINEM SPATEL.

EINFACH

MARONEN-MOUSSE

FÜR 6 PORTIONEN

VORBEREITUNG
10 Min.

KOCHZEIT
1 Min.

RUHEZEIT
4 Std.

ZUTATEN

1 Blatt Gelatine

3 EL Milch

200 g Maronencreme mit Vanille

200 ml Schlagsahne, gut gekühlt

DER GESCHMACK DES HERBSTES! ABER AUCH IN DEN ANDEREN JAHRESZEITEN WIRD DIESER MOUSSE NIEMAND WIDERSTEHEN KÖNNEN!

| Blattgelatine in einer kleinen Schüssel mit kaltem Wasser einweichen.

| Milch in einem Topf erhitzen, die Gelatine mit den Händen ausdrücken und darin auflösen.

| Maronencreme und Gelatinemilch miteinander verrühren.

| Die Sahne schlagen, bis sie luftig-dicht und auf das doppelte Volumen angewachsen ist.

| Schlagsahne vorsichtig unter die Maronencremezubereitung heben. In 6 Schälchen füllen und für mindestens 4 Std. in den Kühlschrank stellen.

HALTBARKEIT | im Kühlschrank 2 Tage

TIPP

UM DIE NOSTALGIE PERFEKT ZU MACHEN, KANN MAN DER SAHNE VOR DEM STEIFSCHLAGEN EINE MESSERSPITZE JOHANNISBROTKERNMEHL BEIMISCHEN. DIESES NATÜRLICHE VERDICKUNGSMITTEL, DAS MAN IN BIOLÄDEN ODER REFORMHÄUSERN ERHÄLT, GEHÖRT TATSÄCHLICH ZUM URSPRÜNGLICHEN REZEPT. ES VERLEIHT DEM DESSERT EINEN ZARTEN KAKAO- UND KARAMELLGESCHMACK. EINFACH AUSPROBIEREN!

EINFACH

GRIESSPUDDING MIT KARAMELLSOSSE

FÜR 1 GROSSE FORM (6–8 PERSONEN) ODER 8 EINZELNE FÖRMCHEN

VORBEREITUNG
15 Min.

KÜHLZEIT
4 Std.

KOCHZEIT
5 Min.

ZUTATEN

FÜR DIE KARAMELLSOSSE

100 g Zucker

1 TL Honig

½ EL Zitronensaft

FÜR DEN GRIESSPUDDING

1 Vanilleschote

1 l Vollmilch, vorzugsweise Frischmilch

80–100 g Zucker (nach Belieben)

1 Prise Salz

150 g extrafeiner Grieß

Öl für die Form

DIE PERFEKTIONIST(INN)EN UNTER IHNEN WERDEN IHN AUF EINEM SCHÖN GEDECKTEN TISCH SERVIEREN UND SICH AN SEINEM ANBLICK ERFREUEN! UND DIE ANDEREN WERDEN SCHNELL IHREN LÖFFEL HOLEN, BEVOR NICHTS MEHR ÜBRIG IST!

| Die Karamellsoße zubereiten: Zucker in einer einzigen dünnen Schicht in eine große Pfanne geben. Erhitzen, ohne den Zucker zu berühren oder umzurühren: Er schmilzt und karamellisiert. Die Pfanne nach allen Seiten neigen, damit die Karamellschicht gleichmäßig wird. Sobald der Karamell intensiv goldgelb ist, vom Herd nehmen und Honig und Zitronensaft hinzufügen. 2 Min. abkühlen lassen und die eingefettete Form damit ausgießen. Das Ganze ins Gefrierfach stellen, währenddessen den Grieß zubereiten.

| Den Grießpudding zubereiten: Vanilleschote der Länge nach aufschneiden und das Mark herauskratzen.

| In einem Topf Milch, Zucker, Vanillemark und Salz erhitzen. In die kochende Milch den Grieß einrieseln lassen und bei niedriger Hitze unter ständigem Rühren 1 Min. kochen.

| Etwas abkühlen lassen und dann in die mit Karamell ausgegossene Form füllen. Oberfläche glatt streichen, erkalten lassen und für mindestens 4 Std. kalt stellen.

HALTBARKEIT | im Kühlschrank, mit Frischhaltefolie abgedeckt, 1 Woche

FRISCHKÄSE-DESSERT

NICHT NÖTIG, DIE KLEINEN FRISCHKÄSE-KÖSTLICHKEITEN EINZUPACKEN: KAUM FERTIG, SIND SIE AUCH SCHON VERSPEIST!

FRISCHKÄSE-DESSERT NATUR

FÜR 6 PORTIONEN

VORBEREITUNG
10 Min.

RUHEZEIT
12 Std. + 8 Std. + 2 Std.

ZUTATEN
1 l Frischmilch

125 g sahniger Frischkäse

6 Tropfen flüssiges Lab (in Apotheken oder im Onlinehandel erhältlich)

etwa 100 g Crème fraîche

| Am Vortag die Milch auf 40 °C erhitzen.

| In einer Schüssel den Frischkäse, Milch und Lab verrühren. Mit Frischhaltefolie abdecken und 12 Std. bei Zimmertemperatur (20–25 °C) ruhen lassen.

| Nach 12 Std. die dickgelegte Milch in ein mit einem sauberen Tuch ausgelegtes feinmaschiges Sieb gießen und das Ganze 8 Std. im Kühlschrank abtropfen lassen.

| Die entstandene Masse wiegen: Es müssten etwa 280–330 Gramm sein. Crème fraîche in einer Menge, die einem Drittel dieses Gewichts entspricht, mit der selbst gemachten Frischkäsemasse vermischen.

| In wiederverschließbare kleine Becher füllen und vor dem Servieren für 2 Std. kalt stellen.

FRISCHKÄSE-DESSERT MIT SCHOKOGESCHMACK

FÜR 6 PORTIONEN

VORBEREITUNG
10 Min.

RUHEZEIT
1 Std.

ZUTATEN
6 hausgemachte Frischkäse-Desserts

50 g Puderzucker

15 g ungezuckertes Kakaopulver

1 TL Vanilleextrakt (oder das Mark einer ¼ Vanilleschote)

3 EL Molke (entsteht beim Abtropfen des Frischkäses)

| Die 6 hausgemachten Frischkäse-Desserts mit Puderzucker, Kakaopulver und Vanilleextrakt verrühren.

| Je nach Konsistenz der Masse entsprechende Menge Molke dazugeben: Je nachdem, wie stark der Frischkäse abgetropft ist, braucht man mehr oder weniger Molke, um die gewünschte Konsistenz zu erhalten.

| In 6 Becher füllen und vor dem Servieren für 1 Std. kalt stellen.

HALTBARKEIT | im Kühlschrank 3–4 Tage

EINFACH

FONTAINEBLEAU

FÜR 6 PERSONEN

VORBEREITUNG
5 Min.

KÜHLZEIT
8 Std.

ZUTATEN
500g Quark (oder Frischkäse mit 40 % Fett i. Tr.)

250ml Schlagsahne

WAS FÜR EINE GAUMENFREUDE, DIESE VERBINDUNG AUS QUARK UND EINER ORDENTLICHEN SCHICHT SCHLAGSAHNE! WUSSTEN SIE, DASS DIESE KÖSTLICHKEIT DEN NAMEN EINER FRANZÖSISCHEN STADT TRÄGT?

| Den Quark abtropfen lassen: Ein Sieb mit einem sauberen Geschirrtuch auslegen, eine Schüssel darunterstellen und den Quark hineingeben. Das Ganze in den Kühlschrank stellen und mindestens 2 Std. die Molke vom Quark abtropfen lassen.

| Sahne mit einem Handrührgerät steif schlagen, bis sie auf das doppelte Volumen angewachsen ist.

| Die Schlagsahne vorsichtig unter den abgetropften Quark heben.

| In 6 kleine Förmchen füllen. Vor dem Servieren mindestens 6 Std. kühlen.

HALTBARKEIT | im Kühlschrank 3 Tage

SO GELINGT DIE HAUSGEMACHTE SCHLAGSAHNE

- VERWENDEN SIE STETS SCHLAGSAHNE MIT 30–33 % FETTGEHALT, KEINESFALLS KALORIENARME SAHNE ODER KAFFEESAHNE, SIE LASSEN SICH NICHT STEIF SCHLAGEN.
- ALLES MUSS SCHÖN KALT SEIN: DIE SAHNE, ABER AUCH DIE RÜHRBESEN DES HANDRÜHRGERÄTS UND DIE SCHÜSSEL.
- SCHALTEN SIE DAS RÜHRGERÄT NICHT AUF DIE HÖCHSTE STUFE, SONDERN LASSEN SIE ES LIEBER LÄNGER AUF NIEDRIGER STUFE LAUFEN.
- GEBEN SIE DEN ZUCKER (NOCH BESSER: PUDERZUCKER) AM SCHLUSS HINZU UND RÜHREN SIE IHN ZÜGIG EIN. RECHNEN SIE ETWA 40–50 G ZUCKER AUF 200 ML SCHLAGSAHNE.

EINFACH

GEZUCKERTE KONDENSMILCH

FÜR EINEN BECHER À 370 G

VORBEREITUNG
5 Min.

KOCHZEIT
2 Min.

ZUTATEN
170 g Zucker

160 g Milchpulver

MIT DIESER KONDENSMILCH KÖNNEN SIE IHREN KAFFEE SÜSSEN UND SEINEN GESCHMACK ABRUNDEN ... ODER SIE EINFACH SO LÖFFELWEISE VERSPEISEN UND GENIESSEN.

| 100 ml Wasser und den Zucker in einem Topf zum Kochen bringen.

| Dieses Gemisch in einen Standmixer gießen und das Milchpulver hinzufügen. 1–2 Min. mixen, bis die Masse schön glatt ist.

| In ein sterilisiertes Glas (siehe S. 140) füllen und abkühlen lassen. Beim Abkühlen dickt die Masse noch weiter ein.

HALTBARKEIT | im Kühlschrank 3 Wochen

TIPP

WENN SIE MILCH MIT ZUCKER AUFKOCHEN, ERHALTEN SIE ZIEMLICH SICHER SÜSSE MILCHCREME. WENN SIE DAGEGEN MILCHPULVER VERWENDEN, IST DER ERFOLG GARANTIERT.

TRINKJOGHURT

FÜR 6 BECHER À 200 ML

VORBEREITUNG
5 Min.

KOCHZEIT
8 Std.

KÜHLZEIT
3 Std.

ZUTATEN
1 l Milch (Vollmilch oder fettarme Milch)

1 Becher Naturjoghurt aus dem Supermarkt oder von einer früheren Zubereitung oder Joghurtferment

FÜR ERDBEER- ODER HIMBEER-JOGHURT
6 EL Erdbeer- oder Himbeersirup

FÜR VANILLEJOGHURT
1 Vanilleschote

40 g Zucker

1 Päckchen Vanillezucker

AUS DIESEN FLÄSCHCHEN KANN MAN ENERGIE PUR TANKEN!

ERDBEER- ODER HIMBEERJOGHURT

| Milch in einem Topf auf maximal 45 °C erhitzen (Temperatur mit einem Küchenthermometer überprüfen). Joghurt in eine Schüssel oder einen Krug mit Ausgießer geben, die lauwarme Milch nach und nach zugießen und mit einem Spatel verrühren. Dann den Sirup dazugeben.

| Die Mischung in 6 große Glas- oder Steingutbecher füllen und nach der von Ihnen bevorzugten Methode (Joghurtmaschine, Schnellkochtopf oder Backofen, siehe S. 18 und 19) etwa 8 Std. fest werden lassen.

| Becher mit Deckeln verschließen und in alle Richtungen schütteln, um den Inhalt gut durchzumischen und zu verflüssigen. Für mindestens 3 Std. kalt stellen und mit einem Strohhalm servieren.

VANILLEJOGHURT

| Die Vanilleschote der Länge nach aufschneiden und das Mark herauskratzen. Vanillemark mit der Milch, dem Zucker und dem Vanillezucker in einem Topf mischen und das Ganze zum Kochen bringen. Zugedeckt ziehen lassen, bis die Milch auf 42–45 °C (Temperatur mit einem Küchenthermometer überprüfen) abgekühlt ist.

| Joghurt in eine Schüssel oder einen Krug mit Ausgießer geben. Die Milch nach und nach zugießen und mit einem Spatel verrühren.

| Die Mischung in 5 große Glas- oder Steingutbecher füllen und nach der von Ihnen bevorzugten Methode (Joghurtmaschine, Schnellkochtopf oder Backofen, siehe S. 18 und 19) etwa 8 Std. fest werden lassen.

| Becher mit Deckeln verschließen und in alle Richtungen schütteln, um den Inhalt gut durchzumischen und zu verflüssigen. Für mindestens 3 Std. kalt stellen und mit einem Strohhalm servieren.

HALTBARKEIT | im Kühlschrank 8–10 Tage

MINDESTENS HALTBAR BIS
MIT LIEBE GEMACHT

Mittel

LAUGENSTICKS

FÜR ETWA 60 LAUGENSTICKS

VORBEREITUNG
15 Min.

RUHEZEIT
1 Std.

BACKZEIT
20 Min.

ZUTATEN

1 TL Trockenbackhefe

4 cl helles Bier

250 g Mehl

1 TL Zucker

1 TL feines Salz

1 EL Natron

1 EL Fleur de Sel (handgeschöpftes Meersalz)

NOCH EINFACHER ZU FORMEN ALS MINIBREZELN: DIESE KNUSPRIGEN STICKS HABEN AUSSERDEM EINEN LEICHTEN BIERGESCHMACK.

| Hefe in 90 ml lauwarmem Wasser auflösen und das Bier zugießen.

| In einer Schüssel Mehl, Zucker und Salz mischen. Eine Mulde hineindrücken und die Hefe-Bier-Mischung dazugeben. Den Teig etwa 10 Min. kneten. Man kann auch ein Handrührgerät mit Knethaken oder eine Küchenmaschine verwenden. Mit einem feuchten Tuch abdecken und 1 Std. gehen lassen.

| Backofen auf 210 °C (Umluft 180 °C) vorheizen.

| Den Teig in 4 gleich große Portionen teilen. Jede zu einem etwa 12 cm breiten, 4 mm dicken Streifen ausrollen. Mit einem Pizzaschneider schmale, etwa 2 mm breite Streifchen abschneiden. Falls keiner zur Hand ist, mit einem scharfen Messer möglichst feine Streifen schneiden.

| Einen Topf Wasser mit dem Natron zum Kochen bringen. Teigstreifen 30 Sek. gar ziehen lassen und zum Abtropfen auf ein trockenes Geschirrtuch legen. In dieser Weise fortfahren, bis der Teig aufgebraucht ist.

| Die Sticks auf ein mit Backpapier ausgelegtes Backblech legen. Reichlich mit Fleur de Sel bestreuen und 12–15 Min. backen, dabei stets im Auge behalten: Die dünnen Teile können leichter verbrennen.

| Aus dem Backofen nehmen und bis zum Servieren abkühlen lassen.

HALTBARKEIT | in einer luftdichten Blechdose 3 Tage

TIPP

SIE KÖNNEN IHRE LAUGENSTICKS AUCH MIT PAPRIKAPULVER, SESAM, MOHN ETC. BESTREUEN.

Mittel

KÄSECRACKER

FÜR 120 CRACKER

VORBEREITUNG
10 Min.

GEFRIERZEIT
1 Std.

BACKZEIT
5 Min.

ZUTATEN

70g Mehl

2 Prisen Salz

1 Prise Zucker

1 Msp. hausgemachtes Backpulver (siehe S. 40)

70g Emmentaler, gerieben

30g weiche Butter

DAS RECHTECKIGE GEBÄCK KNABBERT MAN NOCH LIEBER, WENN ES HAUSGEMACHT IST! BEIM TEIGAUSROLLEN MUSS MAN EIN BISSCHEN AUFPASSEN, ABER DER GESCHMACK IST DIE KLEINE MÜHE WERT.

| In einer Schüssel Mehl, Salz, Zucker und Backpulver mischen. Emmentaler dazugeben, verrühren und die in kleine Stücke geschnittene Butter dazugeben. Den Teig mit den Fingerspitzen vermengen, bis er eine sandige Struktur hat.

| 3 EL Wasser löffelweise hineinträufeln, bis eine Teigkugel entsteht. Diese in zwei gleiche Hälften teilen und jede in einen Gefrierbeutel geben. So eingepackt mit den Händen jeweils zu einem langen Quader formen; falls nötig, ein Lineal zu Hilfe nehmen. 1 Std. im Gefrierfach ruhen lassen.

| Backofen auf 210 °C (Umluft 180 °C) vorheizen. Jeden Quader zweimal der Länge nach halbieren, sodass man 8 schmale vierkantige Stangen erhält.

| 3 Stangen auf ein Stück Backpapier oder eine Silikonbackmatte legen. Mit einer weiteren Lage Backpapier oder einer weiteren Silikonbackmatte bedecken und mit einem Nudelholz sehr dünn ausrollen. Die so entstandenen Rechtecke in 2,5 x 2,5 cm große Quadrate schneiden.

| Backpapier oder Silikonmatte mit den Teigquadraten auf ein Backblech legen und etwa 5 Min. im Ofen backen, bis die Ränder leicht goldbraun sind.

| Aus dem Backofen nehmen und auf einem Rost auskühlen lassen.

HALTBARKEIT | in einer luftdichten Blechdose 5 Tage

EINFACH

SALZIGE CRACKER

FÜR ETWA 30 CRACKER

VORBEREITUNG
20 Min.

GEFRIERZEIT
30 Min.

BACKZEIT
10 Min.

ZUTATEN

200g Mehl

1 TL feines Salz

10g Zucker

2 Msp. hausgemachtes Backpulver (siehe unten)

1 Ei

50ml Öl (z. B. Sonnenblumen-, Erdnussöl)

Salz zum Bestreuen

SOLCHE KNUSPRIGEN SALZKEKSE KANN MAN GANZ LEICHT SELBST MACHEN. ROLLEN SIE DEN TEIG MÖGLICHST DÜNN AUS, DAMIT SIE SUPERKROSS WERDEN.

| In einer Schüssel Mehl, Salz, Zucker und Backpulver mischen. Ei, Öl und 20ml Wasser zugießen. Die Zutaten 1–2 Min. zu einem glatten Teig verarbeiten. Mit Frischhaltefolie abdecken und 30 Min. im Kühlschrank ruhen lassen.

| Backofen auf 180 °C (Umluft 150 °C) vorheizen. Den Teig zu einem großen, 4 mm dicken Rechteck ausrollen. Mit einem Pizzaschneider etwa 6 x 4,5cm große Rechtecke ausschneiden.

| Auf ein mit Backpapier ausgelegtes Backblech setzen. In jedes Rechteck 6 Gabelstiche machen und alle leicht mit feinem Salz bestreuen. Etwa 10 Min. backen, bis die Ränder goldbraun sind.

| Aus dem Backofen nehmen und auf einem Rost auskühlen lassen, damit sie knusprig werden.

HALTBARKEIT | in einer luftdichten Blechdose 1 Woche

HAUSGEMACHTES BACKPULVER

FÜR 100 G

VORBEREITUNG
5 Min.

ZUTATEN

50g Weinstein (aus der Apotheke)

25g Natron

25g Maisstärke

EINFACH HERZUSTELLEN ZU EINEM KONKURRENZLOSEN PREIS. TSCHÜSS, IHR GOLDGELBEN TÜTCHEN!

| Alle Zutaten in einer Schüssel mischen.

| In einem luftdicht geschlossenen Glas oder einer Blechdose aufbewahren.

| Von diesem Backtriebmittel benötigt man 1 gestrichenen TL auf 250g Mehl.

HALTBARKEIT | 1 Jahr – Wenn Sie wissen wollen, ob Ihr Backpulver noch wirksam ist, geben Sie eine Prise davon in ein Glas Wasser: Durch das Natron sollte es leicht sprudeln.

100 % NATÜRLICH
HAUS
GEMACHT

EINFACH

DREIECKSKNABBEREI

FÜR ETWA 70 CRACKER

VORBEREITUNG
15 Min.

KÜHLZEIT
1 Std.

BACKZEIT
15–20 Min.

RUHEZEIT
1 Std.

ZUTATEN
180g Mehl

20g Maisstärke

10g Zucker

¼ TL hausgemachtes Backpulver (siehe S. 40)

¼ TL Salz

15g Sesamsaat

15g Mohnsamen

70g Butter

2 EL Mohnöl

KNUSPRIGE KLEINE DREIECKE MIT FEINEM SESAM- UND MOHN-GESCHMACK … EINFACH HIMMLISCH!

| In einer Schüssel Mehl, Maisstärke, Zucker, Backpulver, Salz, Sesam und Mohn mischen. In Stücke geschnittene Butter und Öl hinzufügen.

| Mit den Fingerspitzen zu einem Teig verarbeiten, nach und nach 50ml Wasser zugießen, bis eine Kugel entsteht. Mit Frischhaltefolie abdecken und mindestens 1 Std. im Kühlschrank ruhen lassen.

| Backofen auf 180 °C (Umluft 150 °C) vorheizen. Zwischen zwei Lagen Backpapier oder zwei Silikonbackmatten den Teig so dünn wie möglich ausrollen.

| In 3cm breite Streifen schneiden und daraus Dreiecke mit 3cm Seitenlänge ausschneiden.

| Backpapier oder Silikonmatte mit den Teigdreiecken auf ein Backblech legen und etwa 15–20 Min. im Ofen backen, bis die Cracker goldbraun sind. Backofentür öffnen und Cracker noch 1 Std. trocknen lassen, damit sie so knusprig wie möglich werden.

HALTBARKEIT | in einer luftdichten Blechdose 1 Woche

MOHNÖL

DAS IN BIOLÄDEN ERHÄLTLICHE MOHNÖL WIRD AUS DEM SAMEN DES SCHLAFMOHNS ODER BLAUMOHNS GEWONNEN. ES VERLEIHT DEM GEBÄCK SEIN ZART-LIEBLICHES AROMA. WENN SIE KEIN MOHNÖL IM HAUS HABEN, KÖNNEN SIE ES DURCH DIE GLEICHE MENGE ERDNUSSÖL ERSETZEN.

ORIGINAL
Mmh! Mmh!
EINZIGARTIG
HAUSGEMACHTE KÖSTLICHKEIT
MINDESTENS HALTBAR BIS

Mittel

GRISSINI

FÜR ETWA 40 GRISSINI

VORBEREITUNG
15 Min.

RUHEZEIT
1 Std. 30 Min.

BACKZEIT
15 Min. pro Ofenfüllung

ZUTATEN

½ Päckchen Trockenbackhefe oder 5g frische Hefe

125g Weizenmehl

125g feiner Weizengrieß

1 EL Zucker

½ TL Salz

20ml Olivenöl

ZUM AROMATISIEREN (NACH BELIEBEN)

Thymian, Oregano, Knoblauchpulver, Piment d'Espelette, Chili, Kreuzkümmel, Anis …

Mehl für die Arbeitsfläche

Fleur de Sel zum Bestreuen

KNUSPRIGE STANGEN AUS BROTTEIG, DIE MAN ENDLOS KNABBERN KANN. DER TRICK, DAMIT IHRE GRISSINI LANG UND DÜNN WERDEN? SCHNEIDEN SIE DEN TEIG MIT EINEM PIZZASCHNEIDER AUS!

| Hefe in 125ml lauwarmem Wasser auflösen.

| In einer Schüssel Mehl, Grieß, Zucker und Salz mischen. Eine Mulde hineindrücken und zunächst die aufgelöste Hefe, anschließend das Öl zugießen. Den Teig 10 Min. kneten, bis er nicht mehr an den Fingern klebt. Nach Belieben Gewürze zum Aromatisieren beigeben. Mit einem leicht angefeuchteten Geschirrtuch abdecken und an einem warmen, trockenen Ort 1 Std. gehen lassen.

| Wenn der Teig auf das doppelte Volumen angewachsen ist, kurz durchkneten. Auf einer bemehlten Arbeitsfläche zu einem großen, 1cm dicken Rechteck ausrollen, dann erneut abdecken und nochmals 30 Min. gehen lassen.

| Backofen auf 180 °C (Umluft 150 °C) vorheizen. Mit einem Pizzaschneider dünne, 3 mm dicke und etwa 20cm lange Streifen aus dem Teig ausschneiden. An den Enden ziehen, um sie noch dünner zu machen, und auf ein mit Backpapier ausgelegtes Blech legen.

| Leicht mit Fleur de Sel bestreuen und 15 Min. im Backofen backen. Je dünner die Grissini sind, desto schneller werden sie goldbraun: Behalten Sie sie stets im Auge, damit sie nicht verbrennen!

HALTBARKEIT | in einer Blechdose 1 Woche (aber nach dem Aperitif dürfte nichts mehr übrig sein!)

EINFACH

BLINI & DIPS
(HUMMUS, OLIVEN- UND AUBERGINEN-DIP)

WENN SIE EINMAL DIESE KINDERLEICHTEN BLINI PROBIERT HABEN, WERDEN SIE BEI DEN EINGESCHWEISSTEN KÜNFTIG AN SCHUHSOHLEN DENKEN. AUCH DER BELAG IST NICHT SCHWERER HERZUSTELLEN!

FÜR 8 BLINI

VORBEREITUNG
5 Min.

BACKZEIT
15 Min.

ZUTATEN

1 Vollmilchjoghurt

1 Ei

1 Becher Weizenmehl

2 EL hausgemachtes Backpulver (siehe S. 40)

2 Prisen Salz

Öl mit neutralem Geschmack für die Pfanne

BLINI LEICHT GEMACHT

| Joghurt und Ei in einer Schüssel vermengen.

| Mehl im leeren Joghurtbecher abmessen und zusammen mit dem Backpulver und dem Salz in die Joghurt-Ei-Mischung geben.

| Eine leicht mit Öl eingefettete Pfanne auf mittlere Hitze setzen. Mit genügend Abstand voneinander jeweils 4 EL Teig hineingeben.

| Sobald die Oberfläche Blasen wirft, die Blini wenden und noch 45 Sek. auf der anderen Seite backen. In dieser Weise fortfahren, bis der Teig aufgebraucht ist. Vor dem Servieren abkühlen lassen.

HALTBARKEIT | zum sofortigen Verzehr oder zum Einfrieren

FÜR 1 SCHÄLCHEN

VORBEREITUNG
5 Min.

KÜHLZEIT
1 Std.

ZUTATEN

1 kleine Dose Kichererbsen natur

1 Knoblauchzehe

Saft von ½ Zitrone

2 EL Sesampaste (Tahina)

2 EL Olivenöl

feines Salz und Pfeffer

HUMMUS

| Alle Zutaten außer Salz und Pfeffer mit einem Pürierstab oder in einem Standmixer pürieren.

| Abschmecken, nach Bedarf salzen und pfeffern. Für mindestens 1 Std. vor dem Servieren kalt stellen.

HALTBARKEIT | im Kühlschrank 5 Tage

EINFACH

OLIVENPASTE (TAPENADE)

FÜR 1 SCHÄLCHEN

VORBEREITUNG
5 Min.

KÜHLZEIT
1 Std.

ZUTATEN
250 g schwarze Oliven

50 g Kapern (in Essig oder Salz eingelegt)

6 Sardellenfilets in Olivenöl (Konserve)

2 TL getrocknete Kräuter der Provence

1 TL Cognac

1 EL Olivenöl

| Oliven entsteinen.

| Alle Zutaten mit einem Pürierstab oder in einem Standmixer pürieren, eventuell ein paar Tropfen Wasser hinzufügen, um die Paste flüssiger zu machen.

| Vor dem Servieren 1 Std. im Kühlschrank ruhen lassen,

HALTBARKEIT | im Kühlschrank, leicht mit Olivenöl bedeckt, 2 Wochen

SCHNELLE AUBERGINENPASTE

FÜR 1 SCHÄLCHEN

VORBEREITUNG
10 Min.

GARZEIT
5 Min.

ZUTATEN
2 große Auberginen

1 Becher Schafsjoghurt

Saft von ¼ Zitrone

3 EL Olivenöl

feines Salz und Pfeffer

Sesamsaat zum Garnieren

| Auberginen schälen und würfeln.

| In eine Schüssel geben, 1 EL Wasser hinzufügen und in der Mikrowelle 5 Min. bei höchster Leistung garen.

| Alle Zutaten außer Salz und Pfeffer mit einem Pürierstab oder in einem Standmixer pürieren.

| Abschmecken, nach Bedarf salzen und pfeffern.

| Die Paste für mindestens 1 Std. kalt stellen und direkt vor dem Servieren mit Sesamsaat bestreuen.

HALTBARKEIT | im Kühlschrank 5 Tage

EINFACH

POPCORN

FÜR 1 KLEINE SCHÜSSEL

VORBEREITUNG
2 Min.

BACKZEIT
5–10 Min.

ZUTATEN
1 EL Öl (Sonnenblumen-, Maiskeim-, Rapsöl …)

100 g Popcorn-Mais

ZUM AROMATISIEREN (VARIANTEN)

SALZIGE VARIANTEN

Barbecue-Geschmack
½ TL Paprikapulver
+ ¼ TL Knoblauchpulver
+ ¼ TL Chilipulver
+ ¼ TL Salz
+ 50 g zerlassene Butter

Pizzageschmack
2 TL Tomatenmark
+ 1 TL getrockneter Oregano
+ 1 EL geriebener Parmesan
+ ¼ TL Salz
+ 3 EL Olivenöl

Currygeschmack
2 TL Curry
+ 2 EL Kokosraspel
+ 50 g zerlassene Butter

SÜSSE VARIANTEN

Karamellgeschmack
Zubereitung des Karamells siehe S. 24

Vanillegeschmack
60 g Vanillezucker (siehe S. 127)
+ 50 g zerlassene Butter

IDEAL FÜR EINEN KINOABEND ZU HAUSE! DIESES LUFTIG-LEICHTE POPCORN GEHT NICHT SCHWER UND KANN MAL SALZIG, MAL SÜSS SEIN – GANZ NACH LUST UND LAUNE.

| Öl in einem großen, hohen Topf mit dickem Boden bei geschlossenem Deckel erhitzen. Sobald es richtig heiß ist, ein Maiskorn zum Testen hineingeben. Wenn es aufpufft, ist das Öl heiß genug.

| Nun die Maiskörner hineingeben, sodass sie die gesamte Fläche bedecken. Den Topf sofort mit einem Deckel zudecken und etwas hin und her bewegen, damit sich alles gut verteilt und alle Maiskörner aufpuffen. Den Deckel fest geschlossen halten. Wenn kein Ploppen mehr zu hören ist, den Topf vom Herd nehmen.

POPCORN AROMATISIEREN

Barbecue-, Pizza- oder Currygeschmack | Gewürze bzw. Garnierung und Salz mit dem Öl oder der zerlassenen Butter verrühren, über das Popcorn träufeln und mit den Händen durchmischen.

Karamellgeschmack | Den heißen Karamell direkt über das Popcorn gießen und mit einem Kochlöffel durchrühren.

Vanillegeschmack | Vanillezucker mit der zerlassenen Butter verrühren, über das Popcorn träufeln und mit den Händen durchmischen.

HALTBARKEIT | salziges und Vanillepopcorn: in einer luftdichten Dose 2 Tage; Karamellpopcorn: 24 Stunden (wird schneller weich)

POP CORN
CORN

 EINFACH

KÄSESTANGEN

FÜR ETWA 30 KÄSESTANGEN

VORBEREITUNG
10 Min.

KÜHLZEIT
2 Std.

BACKZEIT
10–12 Min.

ZUTATEN
140 g Weizenmehl

½ TL Kurkuma

½ TL Senfmehl

100 g weiche, leicht gesalzene Butter

100 g geriebener Käse (Comté, Cheddar, Cantal, Mimolette, Edamer, ...)

SIE BRAUCHEN NUR FÜNF ZUTATEN – UND DANN WERDEN SIE ZUM APERITIF NIE WIEDER KÄSESTANGEN IM SUPERMARKT KAUFEN!

| In einer großen Schüssel Mehl, Kurkuma und Senfmehl mischen. Die in Würfel geschnittene Butter dazugeben und mit den Fingerspitzen vermengen, bis die Masse eine sandige Konsistenz hat.

| Den geriebenen Käse hinzufügen und den Teig mit der Handfläche zu einer Kugel rollen. Wenn der Teig sich nicht gut formen lässt, ein paar Tropfen kaltes Wasser hinzugeben. Die Teigkugel in Frischhaltefolie einpacken und im Kühlschrank 2 Std. fest werden lassen.

| Backofen auf 180 °C (Umluft 150 °C) vorheizen. Aus dem Teig teelöffelgroße Portionen ausstechen und zwischen den Händen zu etwa 2,5–3 cm langen Stäbchen rollen.

| Teigstäbchen auf ein mit Backpapier ausgelegtes Backblech setzen und im Backofen 10–12 Min. goldbraun backen.

| Aus dem Backofen nehmen, eine Weile abkühlen lassen und auf einen Rost legen.

HALTBARKEIT | in einer luftdichten Blechdose 5 Tage

SIE KÖNNEN IHRE KÄSESTANGEN AUCH MIT SESAM ODER MOHN BESTREUEN – SO WERDEN SIE NOCH KNUSPRIGER – ODER SIE BESTREICHEN SIE ZUM BRÄUNEN MIT EINEM VERQUIRLTEN EIGELB.

TIPP

Mittel

TORTILLA-CHIPS

FÜR ETWA 300 G

VORBEREITUNG
20 Min.

RUHEZEIT
30 Min.

BACK-/FRITTIERZEIT
30 Min.

ZUTATEN

150 ml Milch

125 g Mehl, Type 812

125 g gelbes Maismehl (aus dem Bioladen)

2 TL hausgemachtes Backpulver (siehe S. 40)

2 TL Zucker

¼ TL feines Salz

1 EL Sonnenblumen- oder Rapsöl

Mehl zum Bestäuben

1 l Frittieröl (Erdnuss-, Traubenkernöl)

Salz zum Bestreuen

1 TL Paprika edelsüß

½ TL Kreuzkümmel

BACKEN SIE IHRE EIGENEN TORTILLAS UND VERWANDELN SIE DIESE IN CHIPS, DIE MAN ZU DIPS WIE GUACAMOLE ISST. SIE KÖNNEN SIE NATÜRLICH AUCH AUS BEREITS FERTIGEN TORTILLAS HERSTELLEN!

| Milch in einem Topf erhitzen.

| In einer Schüssel Mehl, Maismehl, Backpulver, Zucker und Salz mischen. Eine Mulde hineindrücken und die lauwarme Milch und das Öl zugießen. Verrühren, anschließend den Teig 2–3 Min. kneten. Man kann auch ein Handrührgerät oder eine Küchenmaschine verwenden. Den Teig in Frischhaltefolie einpacken und 30 Min. bei Zimmertemperatur ruhen lassen.

| Teig in 6–8 Stücke (je nach Größe Ihrer Pfanne) teilen. Zwischen den Händen zu Kugeln rollen, anschließend jede Kugel zu einem Kreis mit etwa 20 cm Durchmesser dünn ausrollen, dabei die Oberfläche gleichmäßig mit Mehl bestäuben und den Teig wenden, damit er nicht anklebt.

| Eine Crêpière (beheizte, kreisrunde, gusseiserne Crêpe-Platte) oder eine große flache Pfanne erhitzen und die Tortillas auf beiden Seiten jeweils 45 Sek. backen.

| Tortillas mit einer Schere in Dreiecke schneiden und diese portionsweise – in einer Fritteuse oder Frittierpfanne – ins heiße Öl geben. 2–3 Min. goldbraun frittieren. Herausnehmen, auf Küchenpapier abtropfen lassen und mit Salz, Paprika und Kreuzkümmel bestreuen. In dieser Weise fortfahren, bis die Tortillas aufgebraucht sind.

| Zum Aperitif zusammen mit Guacamole (siehe S. 67) servieren.

HALTBARKEIT | in einer luftdichten Dose 1 Woche

EINFACH

KARTOFFELCHIPS

FÜR ETWA 250 G

VORBEREITUNG
20 Min.

FRITTIERZEIT
25 Min.

ZUTATEN
1 kg mehligkochende Kartoffeln (z. B. Bintje, Afra, Melina)

2 l Traubenkern- oder Erdnussöl

1 TL feines Salz

ACH JA, FRÜHER MACHTE MAN CHIPS ZU HAUSE SELBST! MAN KONNTE SIE AUCH BEIM FEINKOSTHÄNDLER KAUFEN. UND IN DEN 1950ER-JAHREN KAMEN DANN DIE ALUTÜTEN AUF ... BACK TO THE ROOTS!

| Kartoffeln waschen und schälen. Mit einem Gemüsehobel in dünne, etwa 1 mm starke Scheiben schneiden. In kaltem Wasser gründlich waschen, bis das Wasser klar ist. Mit einem Geschirrtuch sorgfältig trocken tupfen: Sie müssen völlig trocken sein, damit sie knusprig werden!

| In einer Frittierpfanne oder einer Fritteuse Öl erhitzen. Wenn es 160–170 °C heiß ist (Temperatur mit einem Küchenthermometer überprüfen), eine Kartoffelscheibe zum Testen hineingeben. Wenn sich rundherum kleine Blasen bilden, ist es so weit!

| Zwei Handvoll gut abgetrocknete Kartoffelscheiben ins heiße Öl geben und mit einem Metallschaumlöffel umrühren, damit sie nicht zusammenkleben. 5 Min. frittieren, bis sie eine schöne goldbraune Farbe haben.

| Herausnehmen, auf Küchenpapier abtropfen lassen und mit Salz würzen. In dieser Weise mit den restlichen Kartoffeln fortfahren.

HALTBARKEIT | in einer Papiertüte oder einer Blechdose 2 Tage

TIPP

UM CHIPS VOM VORTAG „AUFZUFRISCHEN", STELLEN SIE SIE KURZ VOR DEM SERVIEREN FÜR EIN PAAR SEKUNDEN IN DIE MIKROWELLE ODER FÜR EIN PAAR MINUTEN IN DEN AUF 180 °C (UMLUFT 150 °C) VORGEHEIZTEN UND DANACH AUSGESCHALTETEN BACKOFEN.

100%

Mittel

PARTY-HAMBURGER

HIER IST ALLES HAUSGEMACHT!

HAMBURGER-BRÖTCHEN

FÜR 4 PERSONEN

VORBEREITUNG
30 Min.

RUHEZEIT
1 Std. 30 Min.

BACKZEIT
20 Min.

ZUTATEN

½ Päckchen Trockenbackhefe oder 5g frische Hefe

125ml fettarme Milch

250g Weizenmehl, Type 812

½ TL Salz

1 gestrichener EL Zucker

30g weiche Butter

Milch zum Bräunen

Sesamsaat oder Mohnsamen

| Hefe in der lauwarmen Milch auflösen.

| In einer Schüssel Mehl, Salz und Zucker mischen. Eine Mulde hineindrücken und die in der Milch aufgelöste Hefe in die Mulde gießen. Den Teig mit einem Holzlöffel durchrühren, anschließend etwa 10 Min. mit den Händen kneten, bis er schön glatt ist. Die Butter in kleinen Stücken hinzufügen. Teig mit einem leicht angefeuchteten Geschirrtuch abdecken und 30 Min. bei Zimmertemperatur gehen lassen.

| Den Teig kräftig durchkneten, um die Luftblasen entweichen zu lassen, und 4 gleich große Kugeln formen. Jede Kugel ein wenig mit Milch bestreichen und in Sesam oder Mohn wälzen. Auf ein Backblech setzen, mit einem feuchten Geschirrtuch abdecken und noch 1 Std. gehen lassen.

| Backofen auf 200 °C (Umluft 170 °C) vorheizen. Die Brötchen 20 Min. im Backofen backen, bis sie aufgegangen und goldbraun sind.

HAMBURGER-PATTY

VORBEREITUNG
5 Min.

BACKZEIT
2 Min.

ZUTATEN

1 große rote Zwiebel

½ Bund Petersilie

350g Rinderhackfleisch

1 EL Senf

1 EL Worcestershiresauce

2 EL hausgemachtes Paniermehl (siehe S. 64)

½ TL getrockneter Thymian

8 Prisen Zucker

feines Salz und Pfeffer

| Zwiebel schälen und mit der Petersilie fein hacken.

| Alle Zutaten außer Zucker, Salz und Pfeffer in einer Schüssel mischen.

| Mit den Händen 4 Pattys formen und diese bis zum Servieren auf einem Teller in den Kühlschrank stellen.

| Kurz vor dem Servieren die Pattys auf jeder Seite mit je ½ Prise Salz und Zucker und etwas Pfeffer würzen.

| Die Pattys in der Pfanne, auf der Plancha-Grillplatte oder auf dem Grill auf jeder Seite, je nach gewünschtem Gargrad, 2–3 Min. braten bzw. grillen.

FÜR 2 GLÄSER

VORBEREITUNG
15 Min.

KOCHZEIT
95 Min.

ZUTATEN
1 kg reife Tomaten

1 Zwiebel

1 Stange Sellerie

1 Knoblauchzehe

1 EL Olivenöl

1 Lorbeerblatt

1 Thymianzweig

1 Rosmarinzweig

1 TL Salz

180 ml Rotweinessig

150 g Zucker

je 3 Msp. Cayennepfeffer, geriebene Muskatnuss, gemahlener Ingwer, gemahlener Koriander

1 Gewürznelke

¼ TL Pfeffer

KETCHUP

| Tomaten waschen und nach dem Entfernen der Stielansätze in Stücke schneiden.

| Zwiebel und Sellerie schälen und hacken. Knoblauch schälen, Keim aus der Zehe entfernen und diese in Scheiben schneiden.

| In einem Kochtopf Zwiebel, Knoblauch, Sellerie und Tomaten mit dem Olivenöl anbraten. Gewürzkräuter (Lorbeer, Thymian, Rosmarin) und Salz dazugeben. Unter ständigem Rühren 30 Min. köcheln lassen.

| Die Kräuter entfernen und die Mischung pürieren. Abseihen, anschließend Essig, Zucker sowie alle gemahlenen Gewürze hinzufügen.

| In den Kochtopf zurückgießen und unter regelmäßigem Umrühren 1 Std. bei niedriger Hitze köcheln lassen, bis die Masse wie Konfitüre eindickt.

| Kochend heiß in zuvor sterilisierte Gläser füllen.

HALTBARKEIT | in einem nicht sterilisierten Gefäß im Kühlschrank 1 Woche; in einem sterilisierten Gefäß oder im Gefrierfach 1 Jahr

HAMBURGER ANRICHTEN

| Die Hamburger-Brötchen aufschneiden.

| Eine Seite mit hausgemachtem Ketchup und die andere mit Senf bestreichen.

| Die Pattys grillen. Wenn Käse dabei sein soll, diesen 1 Min. vor Ende der Grillzeit auf das Patty legen, damit er rechtzeitig schmilzt.

| Die Burger ganz nach Lust und Laune anrichten mit: Eisberg-, Kopf- oder anderem Blattsalat, Gewürzgurken – in Streifen geschnitten oder nicht –, Tomatenscheiben, Cheddar- oder Comtéscheiben, gegrilltem Bacon … und allem, was Sie mögen! Mit der zweiten Brötchenhälfte belegen und genießen!

EINFACH

COUNTRY POTATOES

FÜR 4 PERSONEN

VORBEREITUNG
15 Min.

BACKZEIT
45 Min.

ZUTATEN

1 kg festkochende Kartoffeln (z. B. Charlotte, Nicola, Sieglinde)

4 EL Öl (je nach Belieben Oliven- oder Sonnenblumenöl)

2 Knoblauchzehen, frisch gepresst

1 EL Mehl

1 TL Thymian

½ TL Salz

1 TL Zucker

1 TL Kurkuma

1 TL Paprika, edelsüß

KARTOFFELSPALTEN MITSAMT DER SCHALE, FEIN MIT KRÄUTERN GEWÜRZT ... UND WÄHREND DER BACKZEIT IM OFEN HABEN SIE ZEIT FÜR ETWAS ANDERES: WARUM ALSO ZUM IMBISS GEHEN?

| Backofen auf 200 °C (Umluft 170/180 °C) vorheizen.

| Kartoffeln gründlich waschen und ungeschält in Viertel schneiden. Sorgfältig abtrocknen und in einer einzigen Schicht auf ein großes Backblech legen.

| Öl in eine Schüssel gießen. Knoblauch, Mehl, Thymian, Salz, Zucker und gemahlene Gewürze hinzufügen und verrühren. Die Mischung über die Kartoffelviertel geben und das Ganze mit den Händen verteilen, damit die Kartoffeln die Öl-Gewürz-Mischung gut aufnehmen.

| Im Backofen 45 Min. backen, währenddessen die Kartoffelspalten drei- oder viermal wenden.

HALTBARKEIT | Keine! Die Potatoes werden, kaum dass sie aus dem Backofen sind, genüsslich verspeist!

TIPP

UM GEWÜRZE UND KARTOFFELN GUT MITEINANDER ZU MISCHEN, KÖNNEN SIE SIE IN EINE FEST SCHLIESSENDE PLASTIKBOX GEBEN ... UND SCHÜTTELN.

MADE IN THE USA
Salt
Sal
Salz
Sel

CHICKEN-NUGGETS

FÜR 4–6 PERSONEN

VORBEREITUNG
15 Min.

BACKZEIT
8–10 Min.

ZUTATEN

50 g Mehl

1 TL Paprikapulver

feines Salz und Pfeffer

3 Eiweiß von Eiern in Bioqualität

150 g Mais-Flakes

4 Hähnchenbrustfilets (vorzugsweise Biogeflügel mit Gütesiegel für artgerechte Tierhaltung)

100 ml Traubenkern- oder Sonnenblumenöl

MIT RICHTIGEN FLEISCHSTÜCKEN UND NICHT MIT GEHACKTEM AUS HÄHNCHENFLEISCH BZW. FORMFLEISCH ... DAS IST NATÜRLICH GLEICH ETWAS GANZ ANDERES!

| Mehl und Paprika in einem tiefen Teller mischen, reichlich salzen und pfeffern.

| In einer Schüssel die Eiweiße mit der Gabel leicht schlagen und beiseitestellen.

| In einem zweiten tiefen Teller die Mais-Flakes grob zerdrücken.

| Hähnchenbrustfilets in etwa 2 x 2 cm große Würfel schneiden. Die Stücke in Mehl, anschließend im Eiweiß und zuletzt in den Mais-Flakes wenden, dabei leichten Druck ausüben, damit die gerösteten Flocken gut am Fleisch haften.

| Öl in einer großen Pfanne mit mittlerer Hitze erhitzen. Die Hähnchenstücke hineingeben und auf jeder Seite 4–5 Min. goldbraun braten, dabei gut im Auge behalten.

| Herausnehmen, auf Küchenpapier abtropfen lassen und heiß servieren, am besten zusammen mit Barbecuesauce (siehe S. 78) oder hausgemachtem Ketchup (siehe S. 56).

TIPP

NUGGETS „LIGHT" ERHALTEN SIE, WENN SIE SIE IM BACKOFEN ZUBEREITEN. GAREN SIE DIE HÄHNCHENSTÜCKE 25 MINUTEN BEI 180 °C (UMLUFT 150 °C) UND WENDEN SIE SIE NACH DER HÄLFTE DER GARZEIT.

EINFACH

NUSSKARTOFFELN

DIE KNUSPRIGEN GOLDBRAUNEN BÄLLCHEN SIND EINFACH WUNDERBAR!

FÜR 4 PERSONEN

VORBEREITUNG
20 Min.

RUHEZEIT
5 Min.

BACKZEIT
10 Min.

ZUTATEN
250g Kartoffelflocken, möglichst in Bioqualität (2 Beutel)

feines Salz und Pfeffer

¼ TL Muskatnuss

700 ml Milch

2 Eier in Bioqualität

60g hausgemachtes Paniermehl (siehe S. 64)

Frittieröl (z. B. Sonnenblumenöl)

| In einer Schüssel Kartoffelflocken mit Salz, Pfeffer, Muskatnuss, Milch, einem ganzen Ei und einem Eigelb (das andere Eiweiß aufbewahren) vermischen. 5 Min. quellen lassen.

| Mit einem Teelöffel etwa 10g schwere Portionen ausstechen und mit den Händen zu Bällchen formen.

| Das Paniermehl auf einen Teller geben. Die Kartoffelbällchen in das übrige Eiweiß tauchen und im Paniermehl wälzen.

| Frittieröl 3 cm hoch in einen großen, hohen Topf gießen und erhitzen. Darin die Kartoffelbällchen 5 Min. bei starker Hitze frittieren. In zwei Etappen frittieren, damit das Öl nicht kalt wird.

| Herausnehmen, auf Küchenpapier abtropfen lassen und servieren.

HALTBARKEIT | ohne Paniermehl in einer luftdichten Dose im Kühlschrank 2 Tage – erst kurz vor dem Servieren panieren

NATÜRLICH KÖNNEN SIE KARTOFFELBÄLLCHEN AUCH AUS EINEM REST SELBST GEMACHTEM KARTOFFELPÜREE HERSTELLEN, DOCH DANN BESTEHT DIE GEFAHR, DASS SIE ZU WEICH SIND UND BEIM GAREN ZERFALLEN. WENN SIE DAGEGEN KARTOFFELFLOCKEN VERWENDEN, BEKOMMEN DIE BÄLLCHEN EINE TROCKENE, LEICHT FORMBARE KONSISTENZ.

TIPP

Mittel

CORDON BLEU

FÜR 4 CORDONS BLEUS

VORBEREITUNG
20 Min.

GARZEIT
15–20 Min.

ZUTATEN

175 g Comté, Emmentaler oder ein anderer Hartkäse

2 dünne Scheiben Kochschinken oder Putenschinken

1 Ei

2 EL Milch

feines Salz, Pfeffer

Muskatnuss

2 Putenschnitzel

2 EL Mehl

100 g hausgemachtes Paniermehl (siehe S. 64)

3 EL Frittieröl

WAS FÜR EIN MERKWÜRDIGER NAME FÜR EIN MIT KÄSE UND SCHINKEN GEFÜLLTES, PANIERTES SCHNITZEL! GEHT DER NAME TATSÄCHLICH AUF EINEN AUSGEZEICHNETEN KOCH – IM FRANZÖSISCHEN EIN SOGENANNTER „CORDON BLEU" – ZURÜCK? NIEMAND WEISS ES GENAU. EINS IST DAGEGEN SICHER: ES SCHMECKT KÖSTLICH!

| Mit einem Sparschäler oder Käsehobel dünne Scheiben vom Käse abhobeln. Die Schinkenscheiben halbieren.

| Das Ei mit Milch, Salz, Pfeffer und etwas geriebener Muskatnuss verquirlen.

| Putenschnitzel quer halbieren und mit einem Nudelholz platt drücken. Das kann auch schon in der Metzgerei gemacht werden.

| Auf jedes Schnitzel ½ Schinkenscheibe legen, anschließend die untere Hälfte mit Käsescheiben belegen, und zwar nicht ganz bis zum Rand, damit der Käse während des Garens nicht herausläuft. Schnitzel zusammenklappen und in Mehl wenden, dabei die Ränder gut zusammendrücken, dann durch das Ei ziehen und im Paniermehl wenden. Mit den übrigen Schnitzeln ebenso verfahren.

| Öl in einer großen Pfanne erhitzen und die Cordons bleus auf jeder Seite 2 Min. goldbraun braten. Hitze reduzieren und die Schnitzel noch etwa 10 Min. weiterbraten, dabei regelmäßig wenden, damit sie nicht anbrennen.

| Man kann die Cordons bleus auch bei starker Hitze auf jeder Seite 2 Min. anbraten und im Backofen bei 180 °C (Umluft 150 °C) noch 20 Min. fertig garen. Sofort servieren.

EINFACH

FÜR 4 PERSONEN

VORBEREITUNG
25 Min.

RUHEZEIT
1 Std.

BACKZEIT
10–15 Min.

ZUTATEN

FÜR DEN PIZZATEIG
1 Päckchen Trockenback-hefe oder 10 g frische Hefe

1 TL Honig

30 ml Olivenöl

220 g Weizenmehl, Type 812

½ TL feines Salz

FÜR DIE TOMEATENSOSSE
1 Knoblauchzehe

150 ml passierte Tomaten

2 EL Balsamico-Essig

1 Prise Zucker

1 Prise Salz

1 TL Oregano

FÜR DEN BELAG (VARIANTEN)

MARGHERITA
1 Kugel Büffelmozzarella, frisches Basilikum

VIER JAHRESZEITEN
100 g Champignons, in dünne Scheiben geschnitten, 2 Scheiben Kochschinken, 4 Artischocken in Öl

MARINARA
2 frische Knoblauchzehen, reichlich Oregano und alles, was Sie wollen!

PIZZA

VOM IMBISS ODER AUS DEM TIEFKÜHLFACH WAR GESTERN!

| Den Pizzateig zubereiten: Hefe in 150 ml lauwarmem Wasser mit dem Honig und dem Olivenöl auflösen. In einer Schüssel Mehl und Salz mischen, eine Mulde hineindrücken und nach und nach die aufgelöste Hefe zugießen, alles mit einem Holzlöffel verrühren.

| Den Teig etwa 10 Min. mit den Händen oder mithilfe eines Handrührgeräts oder einer Brotbackmaschine kneten, bis der Teig glatt ist und nicht mehr an den Fingern klebt. Mit einem leicht angefeuchteten Geschirrtuch abdecken und an einem warmen Ort ohne Zugluft etwa 1 Std. gehen lassen.

| Die Soße zubereiten: Knoblauchzehe schälen und gut zerdrücken. In einer Schüssel passierte Tomaten, Essig, Knoblauch, Zucker, Salz und Oregano vermischen.

| Backofen auf 240 °C (Umluft 200 °C) vorheizen. Alle Zutaten für den Belag in Stücke schneiden.

| Den Pizzateig mit den Händen zu einem Kreis ausziehen und, wenn möglich, auf ein perforiertes Pizzablech legen. Alternativ das vorher eingefettete Backblech des Backofens oder eine Tarteform aus Metall vewenden.

| Teig mit Tomatensoße bestreichen und mit den gewünschten Zutaten belegen. Zum Schluss Mozzarellascheiben darauf verteilen, mit Oregano bestreuen, mit etwas Olivenöl beträufeln und im Backofen auf der untersten Schiene 10–15 Min. backen.

HALTBARKEIT | Keine, denn die selbst gemachte Pizza wird direkt frisch aus dem Ofen verspeist.

100%
GARANTIERT
natürlich

Mittel

FISCHSTÄBCHEN

FÜR 8 STÄBCHEN

VORBEREITUNG
15 Min.

GEFRIERZEIT
1 Std.

GARZEIT
10 Min.

ZUTATEN
400g festes Filet eines weißfleischigen Fischs (Kabeljau oder Seehecht)

60g Mehl

2 Prisen Salz

weißer Pfeffer

1 Eiweiß

120g Paniermehl

2 EL Frittieröl

GANZ EINFACH PANIERTE FISCHFILETS, JEDOCH IN LÄNGLICHER FORM, DAMIT MAN SIE NOCH BESSER IN HAUSGEMACHTES KETCHUP ODER MAYONNAISE DIPPEN ... ODER SOGAR IN EINEN BURGER STECKEN KANN!

| Fischfilet 1 Std. ins Gefrierfach legen, damit sein Fleisch ganz fest wird und sich leicht schneiden lässt.

| Mehl in einen tiefen Teller geben, mit Salz und Pfeffer würzen und anschließend vermischen.

| Eiweiß in eine Schüssel geben und mit einer Gabel leicht schlagen.

| Paniermehl auf einen Teller geben.

| Fisch in 8,5 x 2,5cm große Stäbchen schneiden. Diese nacheinander im Mehl wenden, durch das Eiweiß ziehen und zuletzt im Paniermehl wenden.

| Fischstäbchen in einer Pfanne mit 2 EL sehr heißem Öl auf jeder Seite 5 Min. backen.

| Herausnehmen, auf Küchenpapier abtropfen lassen und mit einer Sauce tartare oder Sauce béarnaise (siehe S. 77) servieren.

HAUSGEMACHTES PANIERMEHL

FÜR 100 G

VORBEREITUNG
5 Min.

BACKZEIT
30 Min.

ZUTATEN
100g altbackenes Brot

| Altbackenes Brot in Stücke schneiden.

| Im Backofen 30 Min. bei 100 °C (Umluft 85 °C) trocknen.

| Brot in der Küchenmaschine zerkleinern.

Mittel

BURRITOS

WIE WÄRE ES, MAL DEM ALLTAG ZU ENTFLIEHEN? PREISWERTER ALS EIN FLUGTICKET SIND GEFÜLLTE TORTILLAS ALLEMAL ... UND GELINGEN LEICHT. ZUDEM WICKELT JEDER DAS HINEIN, WAS ER ODER SIE MAG!

FÜR 6 PERSONEN

VORBEREITUNG
1 Std.

RUHEZEIT
40 Min.

BACKZEIT
10–12 Min.

ZUTATEN
150 ml Milch

250 g Weizenmehl, Type 550

2 TL hausgemachtes Backpulver (siehe S. 40)

2 TL Zucker

¼ TL feines Salz

1 EL Sonnenblumen- oder Rapsöl

Mehl für die Arbeitsfläche

WEIZENTORTILLAS

| Milch in einem Topf erhitzen.

| In einer Schüssel Mehl, Backpulver, Zucker und Salz mischen. Eine Mulde hineindrücken und die lauwarme Milch und das Öl zugießen. Verrühren, anschließend den Teig 2–3 Min. kneten. Man kann auch ein Handrührgerät oder eine Küchenmaschine verwenden. Den Teig in Frischhaltefolie einpacken und 30 Min. bei Zimmertemperatur ruhen lassen.

| Den Teig in 6–8 Stücke teilen (je nach der Größe Ihrer Pfanne). Diese zwischen den Händen zu Kugeln rollen und noch 10 Min. ruhen lassen.

| Jede Kugel zu einem Kreis von etwa 20 cm Durchmesser dünn ausrollen, dabei die Oberfläche gleichmäßig mit Mehl bestäuben und den Teig wenden, damit er nicht anklebt.

| Eine Crêpière (beheizte, kreisrunde, gusseiserne Crêpe-Platte) oder eine große flache Pfanne erhitzen und die Tortillas auf beiden Seiten jeweils 45 Sek. backen: Sie müssen geschmeidig bleiben, damit man sie einrollen kann.

HALTBARKEIT | in einer luftdicht verschlossenen Plastiktüte (Gefrierbeutel) 48 Stunden – Mit einer Lage Backpapier dazwischen lassen sich die Tortillas gut einfrieren.

FÜR 6 PERSONEN

VORBEREITUNG
1 Std.

GARZEIT
20 Min.

ZUTATEN
1 Zwiebel

1 grüne oder rote Paprikaschote

1 EL Sonnenblumenöl

500 g Rinderhackfleisch

1 Dose gehackte Tomaten

½ TL Kreuzkümmel

½ TL Paprikapulver

½ TL gemahlener Koriander

1 Prise Zucker

Salz und Pfeffer

1 Dose Feuerbohnen

FLEISCHFÜLLUNG

| Zwiebel und Paprika schälen und fein hacken.

| In einer Pfanne mit dem Öl 1 Min. anbraten. Das Fleisch dazugeben und von allen Seiten 5 Min. goldbraun braten.

| Gehackte Tomaten sowie alle Gewürze und den Zucker hinzufügen. Salzen, pfeffern, zudecken und 10 Min. köcheln lassen.

| Die gut abgetropften Bohnen dazugeben und 5 Min. erhitzen.

| Bis zum Servieren warm stellen.

HALTBARKEIT | im Kühlschrank 48 Stunden, im Gefrierfach 2 Monate

FÜR 6 PERSONEN

VORBEREITUNG
10 Min.

ZUTATEN
½ weiße Zwiebel

2 reife weiche Avocados

1 Limette oder 2 EL Zitronensaft

Koriandergrün, fein gehackt

Salz und Pfeffer

GUACAMOLE

| Zwiebel sehr fein schneiden.

| Avocados halbieren und den Stein entfernen. Die Hälften schälen und in Stücke schneiden.

| Avocadostücke mit dem Limetten- bzw. Zitronensaft und dem Koriander in einen Standmixer geben, salzen und pfeffern. Zu einer sämigen Paste pürieren und Zwiebel hinzufügen.

HALTBARKEIT | innerhalb von 24 Stunden aufbrauchen

BURRITOS ANRICHTEN

| Tortillas in der Mikrowelle 10–20 Sek. aufwärmen.

| Fladen mit etwas Guacamole sowie ein paar Löffeln Fleisch füllen und nach Belieben hinzufügen: etwas Sauerrahm, 1 Prise geriebenen Cheddar, gewürfelte frische Tomaten, klein geschnittenen grünen Salat, etwas gekochten Reis, Paprikawürfel ... Einwickeln und fertig!

EINFACH

FLAMMKUCHEN

FÜR 1 GROSSEN FLAMMKUCHEN

VORBEREITUNG
20 Min.

RUHEZEIT
10 Min.

BACKZEIT
10 Min.

ZUTATEN

FÜR DEN TEIG

50 ml Rapsöl

250 g Mehl

½ TL Salz

FÜR DEN BELAG

2 große Zwiebeln

200 g Quark, gut abgetropft

100 g Crème fraîche

Pfeffer und Muskatnuss

200 g geräucherter Speck, gewürfelt

DER ELSÄSSISCHE „FLAMMEKUECHE" IST KEINE PIZZA. ABER SEINE ZUBEREITUNG IST GENAUSO EINFACH: WÄRE DAS NICHT MAL WAS FÜR EINEN SONNTAGABEND?

| Backofen auf 240 °C (Umluft 200 °C) vorheizen. In einem Schälchen Öl mit 200 ml lauwarmem Wasser verrühren. In einer Schüssel Mehl und Salz mischen, eine Mulde hineindrücken und das Öl-Wasser-Gemisch zugießen.

| 5 Min. lang zu einer Teigkugel verkneten. Man kann auch einen Brotbackautomaten oder ein Handrührgerät mit Knethaken verwenden. Den Teig mit Frischhaltefolie oder einem Geschirrtuch abdecken, während man den Belag zubereitet.

| Zwiebeln schälen und in dünne Scheiben schneiden. In einer kleinen Schüssel den Quark mit der Crème fraîche verrühren und mit Pfeffer und Muskatnuss würzen.

| Den Teig zu einem großen Rechteck in der Größe des Backblechs dünn ausrollen.

| Mit der Quark-Crème-fraîche-Mischung bestreichen, dabei auf allen vier Seiten einen etwa 1 cm breiten Rand freilassen. Mit Zwiebeln und Speck belegen.

| Im Backofen auf der untersten Schiene etwa 10 Min. backen. Der Rand soll leicht braun werden und Blasen bilden.

HALTBARKEIT | Der Flammkuchen wird sofort verspeist!

VARIANTEN

MIT GERIEBENEM EMMENTALER BESTREUT UND GRATINIERT, MIT CHAMPIGNONSCHEIBEN ODER KÄSESTÜCKCHEN BELEGT ... IHRER KREATIVITÄT SIND DABEI FAST KEINE GRENZEN GESETZT!

EINFACH

QUICHE-TEIG

AUCH WENN MAN KEIN KOCHGENIE IST, BEKOMMT MAN SOLCHE GENIALEN HAUSGEMACHTEN QUICHES HIN!

KLASSISCHER MÜRBETEIG

FÜR 4–6 PERSONEN

VORBEREITUNG
1 Std.

KÜHLZEIT
30 Min.

ZUTATEN

250 g Mehl

2 Prisen Salz

125 g kalte Butter

Mehl für die Arbeitsfläche

| In einer Schüssel Mehl und Salz mischen. Eine Mulde hineindrücken, die in Würfel geschnittene Butter dazugeben und mit den Fingerspitzen zu einem groben Mürbeteig verkneten.

| 1–2 EL kaltes Wasser hinzugeben, bis eine Teigkugel entsteht. Den Teig in Frischhaltefolie einpacken und für 30 Min. in den Kühlschrank legen.

| Den Teig auf einer bemehlten Arbeitsfläche oder zwischen zwei Silikonbackmatten ausrollen.

HALTBARKEIT | im Kühlschrank 3 Tage, im Gefrierfach 2 Monate

MÜRBETEIG MIT FRISCHKÄSE

FÜR 4–6 PERSONEN

VORBEREITUNG
1 Std.

KÜHLZEIT
30 Min.

ZUTATEN

200 g Mehl

1 Prise Salz

180 g Frischkäse

90 g weiche Butter

| In einer Schüssel Mehl und Salz mischen. Eine Mulde hineindrücken und den Frischkäse dazugeben. Den Teig leicht kneten.

| Die in Stücke geschnittene weiche Butter hinzugeben und 2–3 Min. zu einer Teigkugel verkneten. Den Teig in Frischhaltefolie einpacken und für 30 Min. in den Kühlschrank legen.

| Den Teig auf einer bemehlten Arbeitsfläche oder zwischen zwei Silikonbackmatten ausrollen.

HALTBARKEIT | im Kühlschrank 3 Tage, im Gefrierfach 2 Monate

EINFACH

QUICHE LORRAINE

FÜR 4–6 PERSONEN (EIN KUCHENBODEN MIT 24 CM DURCHMESSER)

VORBEREITUNG
1 Std.

BACKZEIT
40 Min.

ZUTATEN

1 hausgemachter Mürbeteig

Butter für die Form

150 g Kochschinken

Hülsenfrüchte zum Blindbacken

3 Eier in Bioqualität

300 ml Schlagsahne

feines Salz und Pfeffer

Muskatnuss

150 g Speck, gewürfelt

| Backofen auf 180 °C (Umluft 150 °C) vorheizen. Den Teig etwa 5 mm dick ausrollen und in eine eingefettete Tarteform mit 24 cm Durchmesser legen.

| Den Teigboden mit einer Gabel einstechen und mit Backpapier bedecken, darauf Hülsenfrüchte (z. B. Erbsen, Kichererbsen) zum Blindbacken legen. Den Boden im Backofen 10 Min. vorbacken; unterdessen die Füllung zubereiten.

| Schinken in Würfel schneiden. Die Eier mit Sahne, reichlich Pfeffer und geriebener Muskatnuss verquirlen. Salz nur sparsam verwenden, da der Speck bereits gesalzen ist.

| Schinken und Speck auf dem vorgebackenen Kuchenboden verteilen und die Ei-Sahne-Mischung vorsichtig darübergießen. Im heißen Backofen 30 Min. bei 180 °C (Umluft 150 °C) backen.

QUICHE MIT LACHS UND SPINAT

| 200 g tiefgefrorenen Blattspinat in einem walnussgroßen Stück Butter andünsten, anschließend gut abtropfen lassen.

| 2 Lachsfilets 10 Min. garen, in Stücke zerteilen und – anstelle von Speck und Schinken – den Quiche-Boden damit belegen.

QUICHE MIT ZIEGENKÄSE UND GEMÜSE

| Statt mit Speck und Schinken den Quiche-Boden mit 300 g angedünstetem Gemüse und den Scheiben einer Ziegenweichkäserolle belegen.

Mittel

HOTDOG

DER „HEISSE HUND" BEGEISTERT GROSS UND KLEIN. NOCH DAZU MIT BRÖTCHEN UND SENF AUS DER EIGENEN KÜCHE: SO SCHMECKT ER WIRKLICH UMWERFEND!

HOTDOG-BRÖTCHEN

FÜR 6 PERSONEN

VORBEREITUNG
30 Min.

RUHEZEIT
1 Std. 30 Min.

BACKZEIT
15 Min.

ZUTATEN

150 ml fettarme Milch

1 Päckchen Trockenbackhefe oder 10 g frische Hefe

1 gestrichener TL Zucker oder Honig

500 g Weizenmehl, Type 812

1 gestrichener TL Salz

2 Eier in Bioqualität

25 g weiche Butter

Mehl für die Arbeitsfläche

2 EL Sesamsaat oder Mohnsamen

| In einer Schale lauwarme Milch mit Hefe und Zucker bzw. Honig vermischen.

| Mehl und Salz in einer großen Schüssel mischen. Eine Mulde hineindrücken und die aufgelöste Hefe, ein ganzes Ei und ein Eigelb (das andere Eiweiß aufbewahren) dazugeben. Den Teig 5–6 Min. kneten, anschließend die in Stücke geschnittene Butter hinzufügen. Erneut 5–6 Min. zu einem geschmeidigen, elastischen Teig kneten. Mit einem feuchten Geschirrtuch abdecken und 1 Std. bei Zimmertemperatur gehen lassen.

| Den Teig kräftig durchkneten, um die Luftblasen entweichen zu lassen. In 6 gleich große (je etwa 130 g schwere) Stücke teilen. Auf der bemehlten Arbeitsfläche zu länglichen, etwa 10 cm langen Brötchen rollen.

| Auf ein mit Backpapier oder einer Silikonbackmatte ausgelegtes Backblech setzen. Nochmals mit einem feuchten Geschirrtuch abdecken und weitere 30 Min. gehen lassen.

| Backofen auf 180 °C (Umluft 150 °C) vorheizen. Die Brötchen mit Eiweiß bestreichen und mit Sesam oder Mohn bestreuen. Im Backofen etwa 15 Min. backen, bis die Brötchen aufgegangen und goldbraun sind.

HALTBARKEIT | innerhalb von 24 Stunden verzehren

EINFACH

WÜRSTCHEN

| Würstchen nach Wahl (Geflügel, Schwein, Rind) etwa 10 Min. in siedendem Wasser erhitzen.

| Hotdog-Brötchen erwärmen, im Dampf oder 3 Min. in einem auf 180 °C (Umluft 150 °C) vorgeheizten Backofen. Aufschneiden und füllen mit: hausgemachtem Ketchup (siehe S. 55), hausgemachtem Senf, Röstzwiebeln, Krautsalat oder Gemüse Ihrer Wahl. Zuklappen und genießen!

WÜRZIGER SENF

FÜR 1 GLAS

VORBEREITUNG
10 Min.

RUHEZEIT
24 Std. + 48 Std.

ZUTATEN

75 g gelbe Senfkörner

80 ml Cidre-Essig

1 TL flüssiger Honig (Akazien- oder Blütenhonig)

20 ml Traubenkernöl

1 TL gemahlener Kurkuma

1 Prise gemahlener Ingwer

1 TL Kartoffelstärke oder Mehl

1 gestrichener TL Salz

| Am Vortag die Senfkörner in einem feinmaschigen Spitzsieb waschen. Über Nacht zusammen mit dem Essig und 100 ml Mineralwasser einweichen.

| Am nächsten Tag das Ganze in einen Standmixer gießen und die übrigen Zutaten dazugeben. Alternativ einen Pürierstab verwenden. Alles gründlich pürieren. Falls nötig, 1–2 EL Wasser hinzufügen, damit der Senf schön glatt wird. Vorsicht beim Öffnen des Mixers: Der frisch gemahlene Senf ist sehr scharf und kann die Augen reizen!

| Den Senf in ein Gefäß füllen und dieses unverschlossen kalt stellen, damit er etwas von seiner Schärfe verliert.

| Nach 2 Tagen das Gefäß verschließen: Der Senf wird mit der Zeit noch milder, aber kann schon jetzt verwendet werden.

HALTBARKEIT | im Kühlschrank 2 Monate – Damit er nicht austrocknet, mit ein klein wenig Öl bedecken.

GUT ZU WISSEN

SENFKÖRNER ERHÄLT MAN IN INDISCHEN LEBENSMITTELLÄDEN, ABER AUCH IN MANCHEN SUPERMÄRKTEN.

EINFACH

MAYONNAISE, DIE IMMER GELINGT

FÜR 1 SCHÄLCHEN

VORBEREITUNG
15 Min.

KOCHZEIT
8 Min.

ZUTATEN
2 Eier in Bioqualität (ganz frisch!)

1 TL Senf

¼ TL Salz

einige Tropfen Essig oder Zitronensaft

200 ml Öl nach Wahl (Sonnenblumen-, Traubenkernöl, gemischt …)

Pfeffer

SCHLUSS MIT DER ANGST VOR MAYO, DIE NICHT SÄMIG WERDEN WILL!

| 1 Ei in kochendem Salzwasser 8 Min. kochen.

| Unter fließendem kaltem Wasser pellen und den Dotter herausnehmen. In ein Schälchen geben und mit einer Gabel zerdrücken. 5 Min. abkühlen lassen.

| 1 rohes Eigelb, Senf, Salz und 2 Tropfen Essig bzw. Zitronensaft dazugeben. Verrühren und 1 Min. stehen lassen.

| Unter ständigem Rühren nach und nach das Öl tropfenweise hinzufügen: Abwarten, bis das Öl vollständig eingerührt ist (die Mayonnaise wird dicker und die Mischung hat eine homogene Konsistenz), bevor man erneut Öl hineinträufelt.

| Wenn alles Öl eingerührt ist und sich mit dem Eigelb verbunden hat, pfeffern und auf einem Stück Brot probieren. Nach Bedarf salzen und je nach Geschmack mit Essig oder Zitronensaft abschmecken.

HALTBARKEIT | im Kühlschrank, mit Frischhaltefolie abgedeckt, maximal 24 Stunden – Wenn Sie Mayonnaise im Voraus zubereiten, verwenden Sie stets Traubenkernöl, das im Kühlschrank nicht erstarrt.

COCKTAILSAUCE

FÜR 1 SCHÄLCHEN

VORBEREITUNG
5 Min.

KOCHZEIT
8 Min.

ZUTATEN
250 ml hausgemachte Mayonnaise

3 EL hausgemachtes Ketchup (siehe S. 55)

1 EL Cognac

2 Tropfen Tabasco®

EIN ECHTER KLASSIKER IN KOMBINATION MIT KRABBEN UND/ODER AVOCADOS. PERFEKT FÜR EINEN TYPISCHEN SEVENTIES-ABEND!

| Alle Zutaten miteinander vermischen … das war's!

HALTBARKEIT | im Kühlschrank 24 Stunden

Mittel

SAUCE HOLLANDAISE

FÜR 1 SCHÄLCHEN

VORBEREITUNG
5 Min.

KOCHZEIT
10–15 Min.

ZUTATEN
3 Eigelb von Eiern in Bioqualität

1 EL Weißweinessig

150 g weiche Butter, in Stücke geschnitten

Saft von ½ Zitrone

feines Salz und Pfeffer

STAMMT SIE NUN AUS HOLLAND? ODER AUS DER NORMANDIE? MAN WEISS ES NICHT HUNDERTPROZENTIG, JEDENFALLS KOMMT DIESE SAUCE HIER WEDER AUS DER TÜTE NOCH AUS DER TIEFKÜHLTRUHE!

| Die Eigelbe mit 1 EL Wasser und dem Essig in einer hitzebeständigen Metallschüssel mit einem Schneebesen verrühren.

| Die Metallschüssel in ein heißes Wasserbad stellen, ohne dass ihr Boden das Wasser berührt. Die Eigelbmasse mit dem Schneebesen so lange aufschlagen, bis sie weiß wird, auf das doppelte Volumen anwächst und der Schneebesen eine Spur in der Creme hinterlässt.

| Die weiche Butter Stück für Stück dazugeben, dabei stets kräftig rühren, wie bei Mayonnaise.

| Die Sauce vom Herd nehmen, den Zitronensaft hineinträufeln, salzen und pfeffern.

HALTBARKEIT | sehr begrenzt – Möglichst erst kurz vor dem Servieren zubereiten!

TIPP

SAUCE HOLLANDAISE IST ÄHNLICH WIE MAYONNAISE, ABER HEISS ANGERÜHRT UND MIT BUTTER. BEHALTEN SIE DIE SCHÜSSEL GUT IM AUGE: ACHTEN SIE DARAUF, DASS DIE BUTTER SICH GANZ MIT DER EIGELBMASSE VERBUNDEN HAT, BEVOR SIE NEUE DAZUGEBEN. FALLS DIE SAUCE GERINNT, SOFORT VOM HERD NEHMEN, 1 ESSLÖFFEL KALTES WASSER HINEINGEBEN UND KRÄFTIG RÜHREN!

RAFFINIERT

SAUCE BÉARNAISE

FÜR 1 SCHÄLCHEN

VORBEREITUNG
5 Min.

KOCHZEIT
10–15 Min.

ZUTATEN
1 große Schalotte

10 frische Estragonblätter, grob gehackt

2 cl Weißwein

20 ml Weinessig

Salz und Pfeffer

3 Eigelb von Eiern in Bioqualität

150 g weiche Butter, in Stücke geschnitten

2 EL getrockneter Estragon und Kerbel, gehackt

| Schalotte schälen und fein hacken.

| In einem Topf Schalotte, gehackte Estragonblätter, Weißwein und Essig verrühren. Salzen und pfeffern. Die Mischung zum Kochen bringen und auf ein Viertel der Flüssigkeit reduzieren.

| Die Mischung abseihen und in einer hitzebeständigen Metallschüssel mit den Eigelben verrühren.

| Die Metallschüssel in ein heißes Wasserbad stellen, ohne dass ihr Boden das Wasser berührt. Die Eigelbmasse mit dem Schneebesen so lange aufschlagen, bis sie weiß wird, auf das doppelte Volumen anwächst und der Schneebesen eine Spur in der Creme hinterlässt.

| Unter ständigem Rühren die Butter Stück für Stück dazugeben.

| Die Sauce vom Herd nehmen, die gehackten Kräuter daruntermischen, nach Bedarf salzen und pfeffern.

HALTBARKEIT | sehr begrenzt – Möglichst erst kurz vor dem Servieren zubereiten!

TIPP

SAUCE BÉARNAISE SCHMECKT AUCH SEHR LECKER MIT FRISCHER MINZE ... UND HEISST DANN SAUCE PALOISE.

EINFACH

BARBECUESAUCE

FÜR 2 GLÄSER

VORBEREITUNG
15 Min.

KOCHZEIT
45 Min.

ZUTATEN
1 Knoblauchzehe

1 Zwiebel

2 EL Olivenöl

2 EL brauner Zucker

200 ml Tomatenmark

15 cl Rotwein

150 ml Apfelsaft

2 EL Essig (Rotwein-, Cidre-, Sherryessig)

4 EL Worcestershiresauce

1 EL Senf

1 TL getrockneter Thymian

½ TL gemahlener Kreuzkümmel

2 Prisen Cayennepfeffer

Salz und Pfeffer

EGAL, OB MAN SAFTIGE SPARERIBS GLASIEREN, HAMBURGER GARNIEREN, POMMES FRITES ODER NUGGETS DIPPEN WILL – NACH DIESER SÜSS-PIKANTEN SAUCE WERDEN SICH ALLE DIE FINGER LECKEN!

| Knoblauch und Zwiebel schälen und fein hacken.

| In einer Pfanne mit dem Olivenöl 5 Min. bei mittlerer Hitze anbraten.

| Den braunen Zucker darüberstreuen, verrühren und 1 Min. karamellisieren lassen.

| Tomatenmark, Rotwein, Apfelsaft, Essig, Worcestershiresauce, Senf, Thymian, Kreuzkümmel, Cayennepfeffer, Salz und Pfeffer dazugeben. Zum Kochen bringen, anschließend 40 Min. köcheln lassen.

| In ein sterilisiertes Glas füllen und im Kühlschrank aufbewahren.

HALTBARKEIT | Im Kühlschrank 10 Tage, im Gefrierfach 3 Monate – Sie können die Sauce auch in einem Behälter zur Eiswürfelbereitung ins Gefrierfach stellen und erst nach und nach aufbrauchen.

PERRINS
WORCESTERSHIRE
SAUCE
150ml ℮

EINFACH

BUTTERKEKSE

FÜR ETWA 30 KEKSE

VORBEREITUNG
15 Min.

KÜHLZEIT
30 Min.

BACKZEIT
15 Min.

ZUTATEN
200g Mehl

50g Zucker

½TL hausgemachtes Backpulver (siehe S. 40)

¼TL Salz

80g Butter

40g Crème fraîche

½TL Vanilleextrakt (oder das Mark einer 1/8 Vanilleschote)

Mehl für die Arbeitsfläche

VIERECKIG UND BUTTERZART ... DIE EINZIGE SCHWIERIGKEIT KÖNNTE DARIN BESTEHEN, DAS PASSENDE AUSSTECHFÖRMCHEN ZU FINDEN.

| In einer Schüssel Mehl, Zucker, Backpulver und Salz mischen. Die in kleine Stücke geschnittene Butter dazugeben und mit den Fingerspitzen vermengen, bis die Masse eine sandige Konsistenz hat.

| Crème fraîche und Vanilleextrakt hinzufügen und die Masse mit den Händen zu einer Teigkugel verkneten. Man kann dazu auch eine Küchenmaschine oder ein Handrührgerät verwenden. Den Teig in Frischhaltefolie einpacken und für 30 Min. in den Kühlschrank stellen.

| Den Backofen auf 180 °C (Umluft 150 °C) vorheizen. Teig auf einer bemehlten Arbeitsfläche 8 mm dick ausrollen. Daraus 6 x 5cm große Rechtecke ausschneiden oder mit einem passenden Förmchen (mit Zähnen) ausstechen und auf ein mit Backpapier ausgelegtes Backblech legen.

| In die Butterkekse drei Stiche mit einer Kuchengabel machen. Im Backofen 15 Min. backen, bis sie hellgelb sind.

| Vor dem Servieren die Kekse auf einem Rost abkühlen lassen.

HALTBARKEIT | in einer luftdichten Blechdose 10 Tage

SCHOKOKEKS-TÄFELCHEN

| Für eine originelle Variante der Kekse: Schokolade nach Wahl schmelzen und in Gießformen für Mini-Schokoladentafeln gießen.

| 1 Std. fest werden lassen, dann die Täfelchen jeweils mit 2 Tropfen geschmolzener Schokolade auf die Butterkekse kleben.

| Noch 1 Std. trocknen lassen.

MINDESTENS
HALTBAR BIS
VON MIR HERGESTELLT

EINFACH

BELGISCH-FRANZÖSISCHER SPEKULATIUS

FÜR ETWA 20 STÜCK SPEKULATIUS

VORBEREITUNG
15 Min.

KÜHLZEIT
2 Std.

BACKZEIT
15–20 Min.

RUHEZEIT
1 Std.

ZUTATEN
100g weiche Butter

70g Zucker

50g Vergeoise-Zucker, hell (aus Zuckerrüben, im Feinkost- oder Online-Handel erhältlich)

30g flüssiger Honig (Akazien- oder Blütenhonig)

120g Mehl

30g Sojamehl

1 TL Zimt

2 Prisen Salz

¼ TL hausgemachtes Backpulver (siehe S. 40)

WAS FÜR EIN SONDERBARER NAME FÜR DIE AUS BELGIEN UND DEN NIEDERLANDEN STAMMENDEN ROTBRAUNEN, NACH ZIMT SCHMECKENDEN KEKSE! ABER EGAL, HAUPTSACHE SIE SCHMECKEN!

| Die weiche Butter mit dem Zucker und dem Vergeoise-Zucker schaumig rühren. Honig, Mehl, Sojamehl, Zimt, Salz und Backpulver dazugeben und das Ganze zu einer Teigkugel verarbeiten. Den Teig in Frischhaltefolie einpacken und für 2 Std. in den Kühlschrank stellen.

| Den Backofen auf 160 °C (Umluft 140 °C) vorheizen. Den Teig zwischen zwei Silikonbackfolien oder zwei Lagen Backpapier 5 mm dick ausrollen. Mit einem Messer oder einer Ausstechform etwa 5 x 3 cm große Rechtecke ausschneiden bzw. ausstechen.

| Teigrechtecke auf ein mit Backpapier oder mit Antihaft-Backfolie ausgelegtes Backblech legen, genügend Abstand lassen, da sie sich beim Backen ausdehnen. Im Backofen 15–20 Min. backen.

| Spekulatiusgebäck aus dem Backofen nehmen, auf einem Rost mindestens 1 Std. ruhen und fest werden lassen.

HALTBARKEIT | in einer luftdichten Blechdose 2 Wochen

SOJAMEHL

... ERHÄLT MAN IN BIOLÄDEN. ES IST GELBLICH UND VERLEIHT MÜRBEGEBÄCK EINEN NOCH INTENSIVEREN KEKSGESCHMACK UND EINE APPETITLICHE NATÜRLICHE FARBE.

EINFACH

SPEKULATIUSAUFSTRICH

FÜR EIN GLAS

VORBEREITUNG
10 Min.

ZUTATEN
200 g hausgemachter Spekulatius (siehe S. 82)

150 ml ungezuckerte Kondensmilch

2 TL flüssiger Honig (Akazien- oder Blütenhonig)

¼ TL Zimt

1 Prise Salz

MMMMH! WIE SOLLTE MAN DEM WIDERSTEHEN? OBWOHL, WARUM ÜBERHAUPT SOLLTE MAN DEM WIDERSTEHEN?

| Spekulatius in einer Küchenmaschine gut zerkleinern.

| Kondensmilch, Honig, Zimt und Salz dazugeben und das Ganze gründlich zu einer Paste mixen. Sollte sie zu dick sein, etwas Kondensmilch hinzufügen.

| Sofort in ein sterilisiertes Glas (siehe S. 140) füllen, verschließen und im Kühlschrank aufbewahren.

| Auf einer Scheibe frischem Brot kosten.

HALTBARKEIT | in einem verschlossenen Schraubglas im Kühlschrank 10 Tage

TIPP

DIESE CREME EIGNET SICH NICHT NUR ALS BROTAUFSTRICH, MAN KANN DAMIT AUCH DESSERTSOSSEN UND TIRAMISU EINE BESONDERE NOTE VERLEIHEN ODER CUPCAKES GARNIEREN ...

EINFACH

SCHOKO-COOKIES
MIT BESONDERS VIEL SCHOKOLADE

FÜR ETWA 15 COOKIES

VORBEREITUNG
15 Min.

KÜHLZEIT
30 Min.

BACKZEIT
15–17 Min.

RUHEZEIT
10 Min.

ZUTATEN

125 g Zartbitterschokolade

160 g Mehl

30 g ungezuckertes Kakaopulver

1 TL Natron

2 Prisen Salz

125 g weiche Butter

125 g brauner Rübenzucker (Vergeoise-Zucker, dunkel, im Feinkost- oder Online-Handel erhältlich)

1 Ei in Bioqualität

1 TL Vanilleextrakt (oder das Mark einer ¼ Vanilleschote)

175 g zartbittere Schokodrops

DIESE GEHALTVOLLEN, OPULENTEN, EXTRA-SCHOKOLADIGEN COOKIES KÖNNTE MAN GERADEWEGS IN EIN GLAS MILCH TAUCHEN!

| Schokolade im Wasserbad schmelzen.

| Mehl mit Kakaopulver, Natron und Salz in eine Schüssel sieben und vermischen.

| Butter und Zucker schaumig schlagen. Erst geschmolzene Schokolade, Ei und Vanilleextrakt, dann alle trockenen Zutaten aus der Schüssel dazugeben. Verrühren, die Schokodrops einrieseln lassen und zügig unterrühren. Die Masse für mindestens 30 Min. in den Kühlschrank stellen, damit sie fest wird.

| Den Backofen auf 180 °C (Umluft 150 °C) vorheizen. Auf ein mit Backpapier oder Silikonbackfolie ausgelegtes Backblech Cookie-Teighäufchen mit reichlich Abstand setzen. Im Backofen 10–12 Min. backen, je nachdem, ob Sie sie mehr oder weniger butterweich mögen.

| Aus dem Backofen nehmen und mindestens 10 Min. abkühlen lassen. Erst dann auf einen Rost umsetzen, damit sie vollends auskühlen. Anschließend verstecken, um zu schnellem Verzehr vorzubeugen!

HALTBARKEIT | in einer luftdichten Blechdose 3–4 Tage

HIER IST EIN EISPORTIONIERER DAS IDEALE HILFSMITTEL. DAMIT KÖNNEN SIE GLEICHMÄSSIGE TEIGPORTIONEN AUSSTECHEN. ACHTUNG, LASSEN SIE GENÜGEND ABSTAND ZWISCHEN DEN COOKIES, DENN DER TEIG DEHNT SICH BEIM BACKEN AUS.

TIPP

Mittel

GEFÜLLTE DOPPELKEKSE

FÜR ETWA 12 DOPPELKEKSE

VORBEREITUNG
25 Min.

KÜHLZEIT
2 Std.

RUHEZEIT
1 Std.

BACKZEIT
20–25 Min.

ZUTATEN

FÜR DEN TEIG

200g Mehl

25g Weizenvollkornmehl

25g Roggenmehl

70g Zucker

1 Prise Salz

1 Msp. hausgemachtes Backpulver (siehe S. 40)

125g weiche Butter

50g Crème fraîche

1 Eigelb

FÜR DIE SCHOKOLADENCREME-FÜLLUNG

40g Zartbitterschokolade

40g Vollmilchschokolade

1 TL flüssiger Honig

30g Butter

1 TL ungezuckertes Kakaopulver

FÜR DIE VANILLECREMEFÜLLUNG

30g Butter

100g Puderzucker

1 TL Vanilleextrakt (oder das Mark einer ¼ Vanilleschote)

1 EL Milch

OB RUND ODER RECHTECKIG, DIE MIT SCHOKOLADEN- ODER VANILLE-CREME GEFÜLLTEN DOPPELKEKSE GEHÖREN EINFACH ZUR ERINNERUNG AN DIE PAUSENSNACKS UNSERER KINDHEIT!

| Die Butterkekse zubereiten: In einer Schüssel Mehl, Zucker, Salz und Backpulver mischen. Die in Stücke geschnittene Butter dazugeben und den Teig mit den Fingerspitzen zu einem groben Keksteig verarbeiten.

| Die Crème fraîche hinzufügen und das Ganze zügig zu einer Teigkugel verkneten. Den Teig in Frischhaltefolie einpacken und 2 Std. im Kühlschrank ruhen lassen.

| Backofen auf 160 °C (Umluft 140 °C) vorheizen. Den Teig zwischen zwei Lagen Backpapier oder zwei Silikonbackfolien etwa 6 mm dick ausrollen. Kreise (oder „Prinzenrolle"-Formen) mit 7,5 cm Durchmesser ausstechen.

| Die Teigkreise auf ein mit Backpapier oder mit einer Silikonbackmatte ausgelegtes Backblech legen, mit einer Gabel einstechen und mit verquirltem Eigelb bestreichen. Im Backofen 20 Min. backen und auf einem Rost abkühlen lassen.

| Die Schokoladencremefüllung zubereiten: Schokolade zusammen mit dem Honig schmelzen. Vom Herd nehmen, Butter und Kakao hinzugeben und unterrühren. (Falls die Masse noch zu weich ist, kühl stellen.) Auf die Hälfte der Kekse jeweils 1 TL dieser Creme geben und mit einem anderen Keks bedecken. Leicht aufdrücken, damit die Creme sich verteilt, und vor dem Servieren 1 Std. bei Zimmertemperatur fest werden lassen.

| Die Vanillecremefüllung zubereiten: Butter mit dem Puderzucker, dem Vanilleextrakt und der Milch zu einer Creme verrühren. Die Kekse genauso zusammenfügen wie bei der Schokoladencreme.

HALTBARKEIT | in einer luftdichten Blechdose 1 Woche

ORIGINAL
Mmh! Mmh!
EINZIGARTIG
HAUSGEMACHTE KÖSTLICHKEIT
MINDESTENS HALTBAR BIS

Mittel

SCHOKOSTÄBCHEN

FÜR ETWA 30 STÄBCHEN

VORBEREITUNG
20 Min.

KÜHLZEIT
30 Min.

GEFRIERZEIT
15 Min.

BACKZEIT
20 Min.

ZUTATEN

FÜR DEN TEIG
150g Mehl

50g Zucker

2 Prisen Salz

¼TL hausgemachtes Backpulver (siehe S. 40)

60g Butter

40–50ml kalte Milch

Mehl für die Arbeitsfläche

FÜR DEN ÜBERZUG
150g Schokolade (Vollmilch, zartbitter oder weiß)

TIPP

UM MAL GANZ AUF DIE SCHNELLE SCHOKOSTÄBCHEN ZU FABRIZIEREN, KÖNNEN SIE EINFACH GRISSINI OHNE GEWÜRZE VERWENDEN, DIE SIE IN SCHOKOLADE TAUCHEN. ERFOLG GARANTIERT!

OB IN ZARTBITTER-, VOLLMILCH- ODER WEISSE SCHOKOLADE GETAUCHT: BEI SOLCHEN LANGEN MÜRBETEIGSTÄBCHEN BEKOMMT MAN FAST LUST, MIKADO ZU SPIELEN!

| In einer Schüssel Mehl, Zucker, Salz und Backpulver mischen. Die in Stücke geschnittene Butter dazugeben und den Teig mit den Fingerspitzen zu einem groben Mürbeteig verarbeiten.

| Die Milch nach und nach zugießen, bis eine Teigkugel entsteht. Man kann dazu auch eine Küchenmaschine oder ein Handrührgerät verwenden. Den Teig in Frischhaltefolie einpacken und 30 Min. im Kühlschrank ruhen lassen.

| Den Teig zwischen zwei Lagen Backpapier oder zwei Silikonbackmatten dünn ausrollen und auf einer Platte für 15 Min. ins Gefrierfach stellen, damit er schön flach bleibt.

| Backofen auf 180 °C (Umluft 150 °C) vorheizen. Mit einem spitzen Messer 10cm lange und 5mm breite Stäbchen aus dem Teig ausschneiden. Auf der bemehlten Arbeitsfläche leicht rollen und zu dünnen, 13cm langen Röllchen formen.

| Teigröllchen auf ein mit Backpapier ausgelegtes Backblech legen und im Backofen etwa 15 Min. backen, bis die Enden goldbraun sind. Herausnehmen und auf einem Rost abkühlen lassen.

| Schokolade nach Wahl im Wasserbad schmelzen. Die Keksstäbchen bis auf 2cm vom Ende eintauchen und auf einem Rost ablegen, bis die Glasur fest ist. Anschließend bis zum letzten Schokostäbchen aufessen!

HALTBARKEIT | in einer luftdichten Blechdose 3 Tage

Mittel

SCHOKO-ORANGEN-BISKUITKEKSE

BISKUITTEIG, ORANGENGELEE UND EINE ZARTE SCHICHT KNACKIGER SCHOKOLADE: MEHR BRAUCHT MAN NICHT ZUM GLÜCKLICHSEIN!

FÜR ETWA 20 KEKSE

VORBEREITUNG
40 Min.

KÜHLZEIT
1 Std.

BACKZEIT
20 Min.

GEFRIERZEIT
1 Std.

ZUTATEN

FÜR DEN BISKUITTEIG
3 Eier in Bioqualität

1 Prise Salz

70g Zucker

75g Mehl

1 TL Öl (Sonnenblumen- oder Rapsöl)

FÜR DIE FÜLLUNG
180g Orangenmarmelade

2g Agar-Agar

FÜR DEN ÜBERZUG
200g Zartbitterschokolade

| Die Füllung zubereiten: Orangenmarmelade mit 50ml Wasser verdünnen und in einem Topf zum Kochen bringen. Agar-Agar darüberstreuen, kräftig umrühren und 2 Min. sprudelnd kochen lassen.

| Je 1 TL dieses Gelees in die Vertiefungen einer Silikonbackform für Tartelettes geben. Erkalten lassen und für 1 Std. in den Kühlschrank stellen.

| Den Backofen auf 180 °C (Umluft 150 °C) vorheizen.

| Den Biskuitteig zubereiten: Eier trennen. In einer großen Schüssel die Eiweiße und das Salz mit einem Handrührgerät steif schlagen.

| Den Zucker einrieseln lassen und noch 1 Min. schlagen. Zum Schluss das Mehl einstreuen, dabei weiterschlagen. Öl hinzugeben und vorsichtig unterrühren.

| Die Masse auf ein mit Backpapier ausgelegtes Biskuitblech oder eine Auffangschale geben und zu einer etwa 4 mm hohen Schicht verstreichen. Im Backofen 10 Min. backen und abkühlen lassen.

| Mithilfe einer Ausstechform Kreise mit 5cm Durchmesser aus dem Biskuit ausstechen, möglichst dicht nebeneinander, um nicht so viel Rest zu haben. Auf ein mit Backpapier ausgelegtes Backblech legen und weitere 5 Min. backen, damit der Teig noch trockener wird.

| Zusammensetzen: Auf jeden Biskuitkeks 1 Orangengelee-Plätzchen legen. Kekse auf eine Platte setzen und für 1 Std. ins Gefrierfach stellen.

| Schokolade im Wasserbad schmelzen und mithilfe eines Pinsels jeden Keks mit einer dünnen Schicht Schokolade überziehen: Durch den Temperaturunterschied der beiden Massen bildet sich beim Kontakt mit den Keksen sofort ein feiner Überzug. Die fertigen Kekse auf einen Rost setzen und vor dem Servieren die Schokolade erst ganz fest werden lassen.

HALTBARKEIT | in einer luftdichten Blechdose 5 Tage

EINFACH

KERNIGE HAFER-WEIZEN-KEKSE MIT SCHOKOGLASUR

FÜR ETWA 25 KEKSE

VORBEREITUNG
15 Min.

KÜHLZEIT
30 Min.

BACKZEIT
15 Min.

RUHEZEIT
1 Std.

ZUTATEN

FÜR DEN KEKSTEIG

100g Haferflocken

200g dunkles Weizenmehl, Type 1050

70g Zucker

10g hausgemachter Vanillezucker (siehe S. 127)

2 Prisen Salz

1 TL Natron

150g weiche Butter

3 EL Milch

FÜR DEN ÜBERZUG

200g Zartbitter- oder Vollmilchschokolade (nach Belieben)

IM LEBEN MAG MAN ENTWEDER RUSTIKALE VOLLKORNKEKSE ODER KLASSISCHE MÜRBEKEKSE MIT SCHOKOLADENSEITE. DAS IST WIE MIT DEN BEATLES UND DEN ROLLING STONES – DAS KANN MAN NICHT ERKLÄREN, DAS IST EINFACH SO!

| Den Backofen auf 180 °C (Umluft 150 °C) vorheizen.

| Haferflocken ein paar Sek. in einer Küchenmaschine zerkleinern und in einer Schüssel mit Mehl, Zucker, Vanillezucker, Salz und Natron mischen. Die in Stücke geschnittene Butter dazugeben und die Masse mit den Fingerspitzen zu einem sandigen Teig verarbeiten.

| Milch zugießen und zügig zu einer Teigkugel verkneten. Den Teig in Frischhaltefolie einpacken und 30 Min. im Kühlschrank ruhen lassen.

| Den Teig zwischen zwei Silikonbackmatten oder zwei Lagen Backpapier 5 mm dick ausrollen. Mit einer Ausstechform Kreise mit 5,5 cm Durchmesser ausstechen.

| Teigkreise auf ein mit Backpapier ausgelegtes Backblech legen und mit einer Gabel einstechen. Im Backofen etwa 15 Min. backen und auf einem Rost abkühlen lassen.

| Schokolade im Wasserbad schmelzen und temperieren (siehe S. 140), wenn sie schön glänzen soll. Kekse nacheinander in die geschmolzene Schokolade tauchen, Oberfläche mit dem Finger glätten und dabei die überschüssige Glasur abstreichen. Vor dem Servieren mindestens 1 Std. bei Zimmertemperatur fest werden lassen.

HALTBARKEIT | in einer luftdichten Blechdose 1 Woche

GUT ZU WISSEN

DUNKLES WEIZENMEHL, TYPE 1050,
BEKOMMT MAN IN GUT SOTIERTEN SUPERMÄRKTEN ODER IN BIOLÄDEN.

EINFACH

KOKOSKEKSE MIT SCHOKOLADENSEITE

FÜR ETWA 20 KEKSE

VORBEREITUNG
15 Min.

KÜHLZEIT
1 Std.

BACKZEIT
25 Min.

RUHEZEIT
2 Std.

ZUTATEN

FÜR DEN KEKSTEIG

130g Mehl

20g Kokosraspel

45g Zucker

½ TL hausgemachtes Backpulver (siehe S. 40) oder Natron

1 Prise Salz

75g Butter

20g flüssiger Honig (Akazien- oder Blütenhonig)

FÜR DEN ÜBERZUG

150g Zartbitter- oder Vollmilchschokolade (nach Belieben)

MIT SEINEM SOMBRERO-MUSTER SCHMECKT DIESER LECKERE KLEINE KEKS GENAUSO GUT MIT VOLLMILCH- WIE MIT ZARTBITTER-SCHOKOLADE.

| In einer Schüssel Mehl, Kokosraspel, Zucker, Backpulver und Salz vermischen. Eine Mulde hineindrücken und die in Stücke geschnittene Butter, den Honig und 30 ml Wasser dazugeben. Den Teig 1 Min. kneten, in Frischhaltefolie einpacken und 1 Std. im Kühlschrank ruhen lassen.

| Den Backofen auf 180 °C (Umluft 150 °C) vorheizen. Den Teig zwischen zwei Silikonbackmatten oder zwei Lagen Backpapier 5 mm dick ausrollen. Daraus Kreise mit 5,5 cm Durchmesser ausstechen.

| Teigkreise auf ein mit Backpapier ausgelegtes Blech legen und im Backofen etwa 10 Min. backen. Wenn die Kekse goldbraun sind, umdrehen und noch 10 Min. weiterbacken, damit sie auf allen Seiten goldbraun und knusprig werden. Anschließend auf einem Rost abkühlen lassen.

| Schokolade im Wasserbad schmelzen. Eine Seite jedes Kekses in die geschmolzene Schokolade tauchen und mit einer Gabel Muster in die Schokolade ziehen. Vor dem Servieren mindestens 2 Std. bei Zimmertemperatur fest werden lassen.

HALTBARKEIT | in einer luftdichten Blechdose 1 Woche

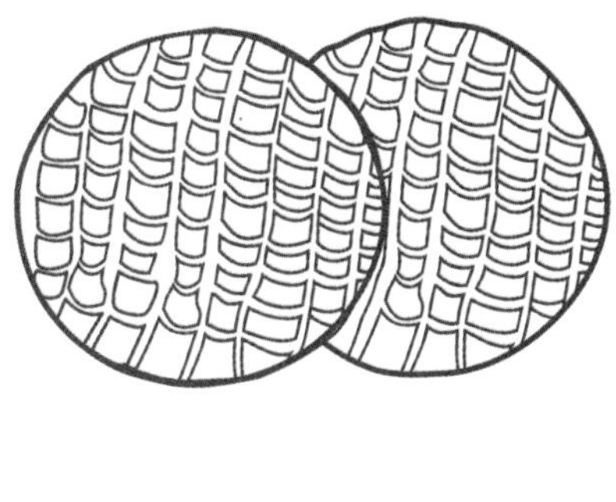

EINFACH

VOLLKORN-DINOSAURIER

VOLLKORN-MÜRBEGEBÄCK IN DINOSAURIERFORM, ÜBERZOGEN MIT ZARTBITTERSCHOKOLADE ... DAS WÄR'S DOCH MAL! VORAUSGESETZT, MAN TREIBT DIE PASSENDE AUSSTECHFORM DAZU AUF.

FÜR EINE HERDE VON ETWA 10 DINOS

VORBEREITUNG
20 Min.

KÜHLZEIT
30 Min.

BACKZEIT
15–17 Min.

RUHEZEIT
2 Std.

ZUTATEN

FÜR DEN KEKSTEIG

170g Weizenmehl, Type 812

40g dunkles Weizenmehl, Type 1050

40g Roggenmehl

70g Zucker

15g hausgemachter Vanillezucker (siehe S. 127)

½ TL Salz

½ TL hausgemachtes Backpulver (siehe S. 40)

125g weiche Butter

1 Ei in Bioqualität

30ml Milch

Mehl für die Arbeitsfläche

FÜR DEN ÜBERZUG

200g Zartbitterschokolade

| In einer Schüssel Mehl, Zucker, Vanillezucker, Salz und Backpulver mischen. Die in Stücke geschnittene Butter dazugeben und das Ganze mit den Fingerspitzen zu einem groben Mürbeteig verarbeiten. Ei und Milch hinzufügen, gut verrühren und eine Teigkugel formen. Den Teig in Frischhaltefolie einpacken und 30 Min. im Kühlschrank ruhen lassen.

| Den Backofen auf 180 °C (Umluft 150 °C) vorheizen. Den Teig auf einer leicht bemehlten Arbeitsfläche 5 mm dick ausrollen. Mit einer Ausstechform Dinosaurierfiguren ausstechen.

| Teigfiguren auf ein mit einer Silikonbackmatte oder mit Backpapier ausgelegtes Backblech legen. Im Backofen 10–12 Min. leicht goldgelb backen, anschließend auf einem Rost abkühlen lassen.

| Schokolade im Wasserbad schmelzen und temperieren (siehe S. 140), wenn sie schön glänzen soll. Die Saurierkekse rasch in die Schokolade tauchen, mit einer etwas dickeren Schicht überziehen und mit einer Gabel leicht riffeln. Auf einen Rost legen und vor dem Servieren 2 Std. bei Zimmertemperatur fest werden lassen.

HALTBARKEIT | in einer luftdichten Blechdose 1 Woche

TIPP

NATÜRLICH KÖNNEN SIE IHRE KEKSE AUCH MIT VOLLMILCHSCHOKOLADE ÜBERZIEHEN, ABER DANN VORSICHT VOR DEM ZUCKERMAUL TYRANNOSAURUS REX!

Mittel

SÜSSE ÜBERRASCHUNG

FÜR ETWA 15 KEKSE

VORBEREITUNG
15 Min.

KÜHLZEIT
30 Min.

BACKZEIT
10 Min.

ZUTATEN
FÜR DEN KEKSTEIG
250g Mehl

120g Zucker

2 Prisen Salz

1 TL hausgemachtes Backpulver (siehe S. 40)

60g Butter

1 Ei in Bioqualität

30–40ml Milch

Mehl für die Arbeitsfläche

Milch zum Bräunen

FÜR DIE FÜLLUNG
hausgemachte Nuss-Nugat-Creme (siehe S. 6)

MIT NUGATCREME GEFÜLLTE MÜRBETEIGKEKSE: AUFGEPASST, DIE WOLLEN SIE BESTIMMT NICHT TEILEN!

| In einer Schüssel Mehl, Zucker, Salz und Backpulver mischen. Die in Stücke geschnittene Butter dazugeben und das Ganze mit den Fingerspitzen zu einem Teig von sandiger Konsistenz verarbeiten.

| Das Ei, dann die Milch hinzugeben und alles zu einer Teigkugel verkneten. Man kann dazu auch eine Küchenmaschine oder ein Handrührgerät verwenden. Den Teig in Frischhaltefolie einpacken und 30 Min. im Kühlschrank ruhen lassen.

| Den Backofen auf 180 °C (Umluft 150 °C) vorheizen. Den Teig auf einer bemehlten Arbeitsfläche oder zwei Silikonbackmatten 4–5mm dick ausrollen. Mit einer Ausstechform Kreise mit 4,5cm Durchmesser ausstechen.

| Auf die Hälfte der Teigkreise je 1 TL hausgemachte Nuss-Nugat-Creme geben. Jeweils mit einem anderen Teigkreis bedecken und die Ränder mit den Fingern fest zusammendrücken.

| Die gefüllten Teiglinge auf ein mit Backpapier ausgelegtes Backblech setzen, mit etwas Milch bestreichen und im Backofen etwa 10 Min. backen.

| Aus dem Backofen nehmen und bis zum Servieren auf einem Rost auskühlen lassen.

HALTBARKEIT | in einer luftdichten Blechdose 1 Woche

100%
HAUSGEMACHT
HAND MADE

Mittel

FEIGENHAPPEN

GEBALLTE ENERGIE, VERPACKT IN KÖSTLICHE PLÄTZCHEN. DA BLEIBT KEIN WUNSCH OFFEN!

FÜR ETWA 30 HAPPEN

VORBEREITUNG
30 Min.

KÜHLZEIT
30 Min.

BACKZEIT
15 Min.

ZUTATEN
200g getrocknete Feigen

1 Prise Zimt

250g Mehl

50 Zucker

2 Prisen Salz

1 Msp. hausgemachtes Backpulver (siehe S. 40)

125g weiche Butter

| Von den Feigen die Stielansätze entfernen. Früchte in Stücke schneiden und zusammen mit dem Zimt zu einer sämigen Paste pürieren. In Etappen vorgehen, damit der Standmixer nicht heißläuft.

| Die Paste auf ein großes Stück Backpapier geben. Mit einer weiteren Lage Backpapier bedecken und mit einem Nudelholz 5 mm dick ausrollen. Das ergibt ein etwa 25 x 12 cm großes Rechteck. Die Feigenpaste in den Kühlschrank stellen, während man den Plätzchenteig zubereitet.

| In einer Schüssel Mehl, Zucker, Salz und Backpulver mischen. Die in Stücke geschnittene Butter dazugeben und das Ganze mit den Fingerspitzen zu einem Teig von sandiger Konsistenz verarbeiten. 30–40 ml kaltes Wasser hinzugeben und eine Teigkugel formen. Den Teig in Frischhaltefolie einpacken und 30 Min. im Kühlschrank ruhen lassen.

| Backofen auf 180 °C (Umluft 150 °C) vorheizen. Den Teig zwischen zwei Lagen Backpapier oder zwei Silikonbackfolien zu einem großen Quadrat ausrollen. Teigquadrat in 6 cm breite Streifen schneiden.

| In die Mitte jedes Teigstreifens einen 1 cm breiten Streifen Feigenpaste platzieren. Die Teigstücke jeweils zu einem Rechteck umklappen und die Ränder gut zusammendrücken.

| Die Rechtecke in 2 cm breite Stücke schneiden und die Zinken einer Gabel in die Oberseite drücken, um ein Muster zu erzeugen und die Teiglinge etwas platt zu drücken.

| Auf ein mit Backpapier ausgelegtes Backblech legen und im Backofen etwa 15 Min. backen. Bis zum Servieren auf einem Rost abkühlen lassen.

HALTBARKEIT | in einer luftdichten Blechdose 1 Woche

Mittel

GEFÜLLTE ORANGEN-MADELEINES

FÜR ETWA 30 MADELEINES

VORBEREITUNG
30 Min.

BACKZEIT
15 Min.

ZUTATEN

FÜR DEN TEIG

3 Eier in Bioqualität

130g Zucker

40g flüssiger Honig (Akazien- oder Blütenhonig)

abgeriebene Schale von 1 Orange in Bioqualität

150g Mehl

1 TL hausgemachtes Backpulver (siehe S. 40)

1 Prise Salz

40g zerlassene Butter

Öl für die Form

FÜR DIE GLASUR

100g Puderzucker

30ml Orangensaft, frisch gepresst

FÜR DIE FÜLLUNG

1 Glas Orangenmarmelade

MIT DIESEM GEBÄCK WERDEN SIE SICH IN DIE KINDHEIT ZURÜCKVERSETZT FÜHLEN!

| Backofen auf 170 °C (Umluft 140 °C) vorheizen.

| In einer Schüssel Eier, Zucker, Honig und Orangenschale verrühren. Mehl, Backpulver und Salz, anschließend die zerlassene Butter dazugeben.

| Eine Silikonbackform für Mini-Madeleines (oder Mini-Tartelettes) leicht einfetten und die Vertiefungen zu drei Viertel mit Teig füllen. Im Backofen 10 Min. backen.

| Noch warm aus der Backform stürzen und auf einem Rost 5 Min. abkühlen lassen. Den Backofen auf 200 °C (Umluft 170/180 °C) einstellen.

| Die Glasur zubereiten: In einer Schüssel Puderzucker und Orangensaft vermischen.

| Aus der Unterseite der kleinen Kuchen einen Teigkegel herausschneiden. In den entstandenen Hohlraum Orangenmarmelade füllen und mit dem ausgeschnittenen Teigkegel wieder verschließen.

| Die Oberseite jedes Küchleins in die Orangensaftglasur tauchen und großzügig damit überziehen, dann auf ein mit Backpapier ausgelegtes Backblech setzen.

| Für 3 Min. in den Backofen schieben, bis die Glasur weiß wird. Bis zum Servieren auf einem Rost abkühlen lassen.

HALTBARKEIT | in einer luftdichten Blechdose 3 Tage

TIPP

SIE KÖNNEN DIE MADELEINES NATÜRLICH AUCH MIT EINER ANDEREN MARMELADENSORTE FÜLLEN. PROBIEREN SIE DOCH EINMAL HIMBEERE AUS!

EINFACH

SCHWEINSOHREN

DER HIT UNTER DEN KNUSPRIGEN LECKERBISSEN ... AM BESTEN NOCH WARM, SOZUSAGEN DIREKT AUS DEM BACKOFEN, VERSPEISEN!

FÜR ETWA 30 STÜCK

VORBEREITUNG
15 Min.

GEFRIERZEIT
30 Min.

BACKZEIT
15 Min.

ZUTATEN

40g Zucker

20g Puderzucker

10g Vanillezucker

1 Packung Blätterteig aus reiner Butter, etwa 300g

Mehl für die Arbeitsfläche

| In einer Schüssel Zucker, Puderzucker und Vanillezucker mischen. Den Blätterteig auf einer bemehlten Arbeitsfläche zu einem 5 mm dicken Rechteck ausrollen, dabei darauf achten, dass die Blätterteigschichten nicht zerdrückt werden.

| Die Oberfläche mit einem Viertel der Zuckermischung bestreuen, andrücken, damit der Zucker gut am Teig haftet. Über etwa ein Drittel der Teigbreite die beiden Ränder zur Mitte hin einschlagen. Erneut mit einem Viertel des Zuckers bestreuen und jeden Rand noch einmal umklappen. Wiederum mit einem Viertel des Zuckers bestreuen und das Ganze noch einmal falten, sodass die Ränder sich in der Mitte treffen. Die so entstandene Rolle fest in Backpapier einpacken und für 30 Min. ins Gefrierfach legen.

| Den Backofen auf 200 °C (Umluft 170/180 °C) vorheizen. Die Blätterteigrolle im restlichen Zucker wälzen und fest aufdrücken, damit der Zucker am Teig haftet.

| Den Teig mit einem scharfen Messer in möglichst dünne (idealerweise 2–3 mm breite) Scheiben schneiden und diese auf ein mit Antihaft-Backfolie ausgelegtes Backblech legen.

| Mit dem Daumen leicht auf die untere Hälfte jedes Schweinsohrs drücken, um die Teigschichten gut zu versiegeln und ihnen eine gleichmäßige Form zu geben. Im Backofen 15 Min. backen, dabei gut im Auge behalten, denn die Stücke karamellisieren schnell!

| Aus dem Backofen nehmen und bis zum Servieren auf einem Rost auskühlen lassen.

TIPP

IHREN ZUCKER KÖNNEN SIE GANZ NACH IHREM GESCHMACK AROMATISIEREN, ZUM BEISPIEL MIT ZIMT ODER ETWAS ZITRONENSCHALE.

HALTBARKEIT | in einer luftdichten Blechdose 3 Tage

HAND MADE
HAND MADE
HAND MADE
MINDESTENS HALTBAR BIS
100 % ZUFRIEDENHEIT

Mittel

KROSSE SCHOKOFINGER

FÜR ETWA 40 STÜCK

VORBEREITUNG
30 Min.

KÜHLZEIT
1 Std.

BACKZEIT
15–17 Min.

ZUTATEN

FÜR DEN KEKSTEIG

125 g weiche Butter

50 g Zucker

½ TL Salz

1 Msp. Vanillepulver

200 g Mehl

½ TL hausgemachtes Backpulver (siehe S. 40)

Mehl für die Arbeitsfläche

FÜR DEN ÜBERZUG

250 g Vollmilchschokolade

DANACH LECKT MAN SICH DIE FINGER ... FÜR DIE LIEBHABER VON VOLLMILCHSCHOKOLADE!

| In einer Schüssel Butter, Zucker, Salz und Vanillepulver verrühren. Mehl und Backpulver dazugeben und zu einer Teigkugel verarbeiten. Zudecken und 1 Std. im Kühlschrank ruhen lassen.

| Backofen auf 180 °C (Umluft 150 °C) vorheizen. Aus dem Teig walnussgroße Kügelchen ausstechen und diese auf der bemehlten Arbeitsfläche zu etwa 7 cm langen und 1 cm breiten Röllchen formen.

| Teigröllchen auf ein mit Backpapier ausgelegtes Backblech setzen und im Backofen 10–12 Min. goldgelb backen.

| Aus dem Backofen nehmen und auf einem Rost auskühlen lassen.

| Schokolade grob hacken und im Wasserbad schmelzen. Jedes Keksröllchen in die Schokolade tauchen und auf einem Rost abkühlen lassen.

| Wenn die Schokofinger noch mehr glänzen sollen, können Sie die Schokolade auch temperieren (siehe S. 140).

HALTBARKEIT | in einer luftdichten Blechdose 1 Woche

EINFACH

BISKUIT-SCHIFFCHEN

FÜR ETWA 20 SCHIFFCHEN

VORBEREITUNG
10 Min.

BACKZEIT
15 Min.

ZUTATEN
3 Eier in Bioqualität

1 Prise Salz

70 g Zucker

75 g Mehl

Öl für die Form

FÜR DIE FÜLLUNG
Konfitüre, süßer Brotaufstrich …

SCHIFF AHOI! STECHEN SIE MIT DIESEM TRAUM AUS BISKUIT UND KONFITÜRE IN SEE!

| Den Backofen auf 180 °C (Umluft 150 °C) vorheizen. Die Eier trennen.

| In einer großen Schüssel Eiweiß und Salz mit dem Handrührgerät steif schlagen. Den Zucker einrieseln lassen und noch 1 Min. weiterschlagen. Die Eigelbe nacheinander unterrühren, dann das Mehl dazugeben, mit dem Schneebesen unterziehen.

| Eine Silikonbackform für Schiffchen leicht einfetten. Jede Vertiefung zu etwa 80 % mit Teig füllen und im Backofen 15 Min. backen, bis die Oberfläche der Plätzchen goldgelb ist.

| Sofort aus der Backform auf einen Rost stürzen und in die Mitte der Schiffchen mit dem Stiel eines Messers oder mit den Fingern eine kleine Kuhle drücken.

| Eine Weile abkühlen lassen und je nach Geschmack mit 1 TL Konfitüre oder Brotaufstrich füllen.

HALTBARKEIT | in einer luftdichten Blechdose 3 Tage

WENN SIE KEINE SCHIFFCHEN-BACKFORM HABEN, KÖNNEN SIE NATÜRLICH AUCH EINE FÜR MINI-„GOLDBARREN" VERWENDEN. DAS ERGIBT DANN QUADERFÖRMIGES GEBÄCK, ABER DER GESCHMACK IST DERSELBE!

TIPP

BRETONISCHE BUTTERKEKSE

DIESE RUNDEN BRETONISCHEN MÜRBEKEKSE SIND KNUSPRIG UND ZUGLEICH BUTTERZART – ES STECKT JA AUCH REICHLICH BUTTER DRIN!

FÜR ETWA 20 KEKSE

VORBEREITUNG
15 Min.

KÜHLZEIT
2 Std.

BACKZEIT
20–25 Min.

ZUTATEN

150 g weiche Butter

125 g Zucker

3 Prisen Salz

250 g Mehl

2 ½ TL hausgemachtes Backpulver (siehe S. 40)

3 Eigelb von Eiern in Bioqualität

| Mit einem Handrührgerät Butter, Zucker und Salz verquirlen. Nach und nach das gesiebte Mehl mit dem Backpulver dazugeben.

| 2 Eigelbe hinzufügen und die Masse zügig zu einer Teigkugel verarbeiten. Dabei nicht zu stark kneten. Den Teig in Frischhaltefolie einpacken und mindestens 2 Std. im Kühlschrank fest werden lassen.

| Den Backofen auf 180 °C (Umluft 150 °C) vorheizen. Den Teig zwischen zwei Silikonbackfolien oder zwei Lagen Backpapier etwa 1 cm dick ausrollen. Mit einer Ausstechform Kreise mit 5,5 cm Durchmesser ausstechen.

| Teigkreise in die Vertiefungen einer Muffinform aus Metall oder in kleine Tortenringe legen, damit sie sich nicht verformen.

| Das übrige Eigelb mit ein wenig Wasser verquirlen und die Kekse damit bestreichen. Im Backofen 20–25 Min. backen.

| Noch warm aus der Backform stürzen und auf einem Rost abkühlen lassen.

HALTBARKEIT | in einer luftdichten Blechdose 10 Tage

TIPP

KNETEN SIE DEN TEIG NICHT ZU LANGE, SONST WIRD ER ZU WARM UND ES TRITT FETT AUS. DADURCH WIRD ER HART UND BRÖSELIG.

EINFACH

KUCHEN MIT ZEBRASTREIFEN

FÜR 8 KUCHENSTÜCKE (1 GROSSE KASTENFORM)

VORBEREITUNG
30 Min.

BACKZEIT
50 Min.

RUHEZEIT
15 Min.

ZUTATEN
- 4 Eier in Bioqualität
- 160g Zucker
- 60ml Milch
- 250g Mehl
- 20g flüssiger Honig (Blütenhonig)
- 2 TL hausgemachtes Backpulver (siehe S. 40)
- 120g zerlassene Butter
- 1 Prise Salz
- 3 EL ungezuckertes Kakaopulver
- 2 EL Milch
- 2 TL Vanilleextrakt (oder das Mark einer ½ Vanilleschote)
- Öl für die Form

WELCH HÜBSCHES ZEBRASTREIFENMUSTER AUS KAKAO IN EINEM VANILLETEIG – DAS IST KEIN HEXENWERK: SCHICHTEN SIE DIE BEIDEN VERSCHIEDENFARBIGEN TEIGE ABWECHSELND IN DIE BACKFORM UND ABRAKADABRA, DIE HITZE DES BACKOFENS ERLEDIGT DEN REST!

| Den Backofen auf 180 °C (Umluft 150 °C) vorheizen.

| Eier trennen. Eigelbe mit 100g Zucker schlagen, bis die Eigelbe hell werden. Milch, Mehl, Honig, Backpulver und zerlassene Butter dazugeben und verrühren.

| Eiweiße zusammen mit dem Salz steif schlagen, zum Schluss die restlichen 60g Zucker einrieseln lassen. Den Eischnee vorsichtig unter den Teig heben.

| Kakaopulver mit 2 EL Milch verrühren.

| Den Teig in zwei gleich große Hälften teilen, in die eine den Vanilleextrakt, in die andere den Kakao einrühren.

| In eine leicht eingefettete Kastenform eine Schicht Vanilleteig füllen und mit einer Schicht Kakaoteig bedecken. Dies wiederholen, bis 5 farblich abwechselnde Schichten übereinanderliegen: Mit einer Schicht Kakaoteig abschließen.

| Im Backofen 50 Min. backen. Wenn die Oberfläche zu schnell bräunt, den Kuchen mit einer Lage Backpapier abdecken. Um den Gargrad zu prüfen, ein Messer in die Mitte des Kuchens stechen und nach 5 Sek. wieder herausziehen: Bleibt die Klinge sauber, ist der Kuchen fertig; klebt Teig daran, muss er noch ein bisschen backen.

| Den Kuchen 15 Min. bei halb geöffneter Backofentür abkühlen lassen, anschließend stürzen. Vor dem Aufschneiden vollends auskühlen lassen.

HALTBARKEIT | in Alufolie eingepackt oder in einer luftdichten Blechdose 3 Tage

EINFACH

BROWNIES

FÜR 16 BROWNIES

VORBEREITUNG
15 Min.

BACKZEIT
35 Min.

KÜHLZEIT
2 Std.

ZUTATEN

300 g Zartbitterschokolade

125 g Süßrahmbutter

150 g Vergeoise-Zucker, hell (aus Zuckerrüben, im Feinkost- oder Online-Handel erhältlich)

1 Prise Salz

1 TL Natron

3 Eier in Bioqualität

45 g Maisstärke

20 g ungezuckertes Kakaopulver

75 g zartbittere Schokodrops

Butter für die Form

SEHR GEHALTVOLL UND SEHR LECKER! NA JA, ZUMINDEST BLEIBEN IHNEN GLUKOSE UND KONSERVIERUNGSSTOFFE ERSPART.

| Backofen auf 180 °C (Umluft 150 °C) vorheizen.

| In einem großen Topf Schokolade und Butter bei niedriger Hitze schmelzen. Vergeoise-Zucker, Salz und Natron dazugeben. Einrühren, dann die Eier nacheinander hinzufügen und jedes Mal gut unterrühren.

| Maisstärke und Kakao dazugeben und den Teig 1 Min. kräftig mit einem Spatel rühren, bis er glatt und glänzend ist. Die Schokodrops einstreuen.

| Den Teig in eine eingefettete, 20 x 30 cm große, rechteckige Backform füllen und die Oberfläche glatt streichen. Im Backofen etwa 30 Min. backen, bis eine in die Mitte des Kuchens gestochene Messerklinge beim Herausziehen sauber bleibt.

| Brownie abkühlen lassen und für 2 Std. in den Kühlschrank stellen.

| Kuchen zuerst in Streifen, dann in Quadrate schneiden und servieren.

HALTBARKEIT | in einer Plastikdose im Kühlschrank 3–4 Tage

TIPP

DIE KÜHLZEIT IST WICHTIG, DAMIT DER BROWNIE SEINE FESTE KONSISTENZ ERHÄLT. JE NACH VORLIEBE KÖNNEN SIE DIE SCHOKODROPS DURCH GEHACKTE WALNÜSSE, HASELNÜSSE ODER MANDELN ERSETZEN.

Mittel

KARAMELLSTANGEN

FÜR ETWA 20 STANGEN

VORBEREITUNG
1 Std.

KÜHLZEIT
1 Std.

BACKZEIT
40 Min.

GEFRIERZEIT
1 Std.

ZUTATEN

FÜR DEN TEIG

130g weiche Butter

50g Zucker

½ TL Salz

1 Msp. Vanillepulver

200g Mehl

½ TL hausgemachtes Backpulver (siehe S. 40)

FÜR DEN MILCHKARAMELL

400g gezuckerte Kondensmilch

200g ungezuckerte Kondensmilch

1 EL flüssiger Honig (Akazien- oder Blütenhonig)

15g leicht gesalzene Butter

FÜR DEN ÜBERZUG

125g Vollmilchschokolade

125g Zartbitterschokolade

DIE UNWIDERSTEHLICHE VERBINDUNG AUS BUTTERGEBÄCK, MILCHKARAMELL UND VOLLMILCHSCHOKOLADE IST EIN GESCHMACKSERLEBNIS, DAS MAN SICH ZUMINDEST EINMAL IM JAHR GÖNNEN SOLLTE!

| In einer Schüssel Butter, Zucker, Salz und Vanillepulver verrühren. Mehl und Backpulver dazugeben und zu einer Teigkugel verarbeiten. Mit einem sauberen Geschirrtuch abdecken und im Kühlschrank 1 Std. ruhen lassen.

| Backofen auf 150 °C (Umluft 130 °C) vorheizen. Den Teig 7 mm dick ausrollen, in 10 cm lange und 2 cm breite Streifen schneiden und diese mit einer Gabel der Breite nach einstechen. Im Backofen 20 Min. backen, anschließend auf einem Rost abkühlen lassen.

| Unterdessen den Milchkaramell zubereiten: In einem großen, hohen Topf die gezuckerte und die ungezuckerte Kondensmilch sowie den Honig bei mittlerer Hitze zum Kochen bringen. 15 Min. kochen, dabei laufend mit einem hitzebeständigen biegsamen Spatel umrühren, denn die Masse kann leicht anbrennen.

| Sobald die Masse karamellisiert und einen schönen rotgoldenen Farbton annimmt, vom Herd nehmen und die Butter hinzufügen. Einrühren, bis die Butter schmilzt.

| Jede Gebäckstange mit 2 TL Milchkaramell bestreichen und für 1 Std. ins Gefrierfach stellen.

| Schokolade hacken und im Wasserbad schmelzen. Die Karamellstangen mithilfe zweier Gabeln in die geschmolzene Schokolade tauchen und damit überziehen, anschließend auf einen Rost legen, damit die Glasur trocknen kann.

HALTBARKEIT | in einer luftdichten Blechdose 3 Tage

EINFACH

KÖSTLICHE **KOKOSRIEGEL**

GANZ LEICHT HERZUSTELLEN! UND UNHEIMLICH ERFRISCHEND!

FÜR 20 STÜCK

VORBEREITUNG
15 Min.

RUHEZEIT
1 Std.

GEFRIERZEIT
1 Std.

BACKZEIT
5 Min.

ZUTATEN
200 g Kokosraspel

400 g gezuckerte Kondensmilch (siehe S. 35)

200 g Vollmilchschokolade

| In einer Schüssel Kokosraspel und Kondensmilch verrühren. Mit Frischhaltefolie abdecken und 1 Std. bei Zimmertemperatur quellen lassen.

| Diese klebrige Paste zwischen zwei Lagen Backpapier 1 cm dick ausrollen. Die erste Lage mit einem scharfen Messer abheben und die Paste in 2 x 6 cm große Rechtecke schneiden.

| Auf ein mit Backpapier ausgelegtes Backblech legen und für mindestens 1 Std. ins Gefrierfach stellen.

| Schokolade im Wasserbad schmelzen. Jedes Stück Kokospaste in die Schokolade tauchen und damit überziehen, dann auf einen Rost legen, damit die Kokosriegel trocknen und fest werden.

HALTBARKEIT | in einer luftdichten Blechdose 3 Tage

TIPP

SIE SIND NOCH UNERFAHREN IM TEMPERIEREN VON SCHOKLADE? DANN VERZWEIFELN SIE NICHT: DAMIT DER SCHOKOÜBERZUG GARANTIERT GELINGT UND SCHÖN KNACKIG UND GLÄNZEND WIRD, EINFACH DEN PROFI-TIPP AUF SEITE 140 LESEN!

hand made

RAFFINIERT

PINGUIN-BISKUIT-SCHNITTEN

DA WERDEN SELBST HARTGESOTTENE SCHWACH!

FÜR 10 SCHNITTEN

VORBEREITUNG
45 Min.

GEFRIERZEIT
1 Std. 30 Min.

BACKZEIT
15 Min.

ZUTATEN

FÜR DEN BISKUITTEIG
3 Eier in Bioqualität

60g Zucker

25g zerlassene Butter

15g ungezuckertes Kakaopulver

25g Mehl

1 Prise Salz

FÜR DIE SCHOKOLADENPLATTE IN DER MITTE
20g Zartbitterschokolade

FÜR DIE MASCARPONE-MILCH-CREME
2 Blatt Gelatine (2 g)

250g Mascarpone

100g gezuckerte Kondensmilch (siehe S. 35)

2 EL Milch

1 Eiweiß

FÜR DEN ÜBERZUG
150g Zartbitterschokolade

| Die Schokoladenplatte zubereiten: 20g Schokolade im Wasserbad schmelzen. Auf eine mit Backpapier ausgelegte Platte gießen und dünn verstreichen. Das Ganze in den Kühlschrank stellen, damit die Schokolade fest wird.

| Die Mascarpone-Milch-Creme zubereiten: Gelatine in kaltem Wasser einweichen. Mascarpone mit der gezuckerten Kondensmilch verrühren. Die weiche Gelatine in 2 EL warmer Milch auflösen und in die Mascarpone-Milch-Mischung geben. Eiweiß steif schlagen und vorsichtig unterheben. Die Creme in den Kühlschrank stellen.

| Backofen auf 180 °C (Umluft 150 °C) vorheizen. Den Biskuitteig zubereiten: Eier trennen. Eigelbe und Zucker verquirlen und die zerlassene Butter dazugeben. Verrühren und zusammen mit dem Kakao das gesiebte Mehl einrühren. Eiweiß mit dem Salz steif schlagen, Eischnee vorsichtig unter die Masse heben.

| Den Teig auf ein mit Silikonbackfolie ausgelegtes Biskuitblech mit Rand geben und 3–4 mm dick verstreichen. Im Backofen 8–10 Min. backen.

| Die entstandene Teigplatte auf eine mit Backpapier bedeckte Arbeitsfläche stürzen und in 2 gleich große Rechtecke schneiden.

| Die Hälfte der Mascarpone-Milch-Creme auf eines der Biskuitrechtecke geben und zu einer 5mm hohen Schicht verstreichen. Mit der Schokoladenplatte bedecken. Darauf die verbleibende Creme geben und zu einer 5mm hohen Schicht verstreichen. Mit dem anderen Biskuitrechteck bedecken und die Ränder begradigen. Für 1,5 Std. ins Gefrierfach stellen.

| Gefüllten Biskuit aus dem Gefrierfach nehmen, in gleichmäßige 8,5 x 3cm große Rechtecke schneiden und wieder ins Gefrierfach stellen.

| Den Überzug zubereiten: Schokolade im Wasserbad schmelzen. Mithilfe eines Pinsels die Gebäckstücke mit einer dünnen Schokoladenschicht überziehen. Schoko-Biskuit-Schnitten auf einen Rost setzen und kalt stellen.

HALTBARKEIT | im Kühlschrank 3 Tage

EINFACH

SCHOKO-KNUSPERWAFFELN

FÜR 8 SCHOKOWAFFELN

VORBEREITUNG
15 Min.

KÜHLZEIT
1–2 Std.

BACKZEIT
5 Min.

ZUTATEN
200 g Vollmilchschokolade

1 Packung Schokowaffeln mit glatter Oberfläche

Öl für die Form

FEINE WÄFFELCHEN UND VOLLMILCHSCHOKOLADE: EINE UNKOMPLIZIERTE KLEINE GAUMENFREUDE FÜR DIE KAFFEEPAUSE.

| Vollmilchschokolade im Wasserbad schmelzen.

| Jede Waffel mit einem scharfen Messer in 3 Teile schneiden.

| Eine leicht eingefettete, große rechteckige Silikonbackform (ersatzweise zwei Silikonkastenformen) mit der Hälfte der geschmolzenen Schokolade ausgießen.

| Auf die Schokoladenschicht eine kompakte Lage Waffeln setzen und leicht andrücken. Mit geschmolzener Schokolade bedecken und die Oberfläche glatt streichen, anschließend für 1–2 Std. in den Kühlschrank stellen.

| Aus der Form auf ein Schneidebrett stürzen. Mit einem scharfen Messer in 9 x 5,5 cm große Rechtecke schneiden.

| Um die Illusion komplett zu machen, mit der Spitze des Messers auf jeden Riegel ein Gitternetz zeichnen. Servieren.

HALTBARKEIT | in einer luftdichten Blechdose 1 Woche – Achtung: Vor Wärme schützen, im Sommer besser im Kühlschrank aufbewahren!

TIPP

NACHDEM SIE NUN DIE TECHNIK BEHERRSCHEN, KÖNNEN SIE ALLE MÖGLICHEN WAFFELSORTEN AUSPROBIEREN: ERDBEERE, VANILLE ODER NUGAT, SIE KÖNNEN SICH FREI ENTFALTEN. WIE WÄR'S ZUM BEISPIEL MIT EINEM ÜBERZUG AUS WEISSER SCHOKOLADE?

RAFFINIERT

KARAMELLSPLITTER IN VOLLMILCH-SCHOKOLADE

FÜR ETWA 700 G

VORBEREITUNG
15 Min.

KOCHZEIT
10 Min.

RUHEZEIT
1 Std.

ZUTATEN

140g Zucker

30g flüssiger Honig (Akazien- oder Blütenhonig)

90g leicht gesalzene Butter

15g Mandeln, gehackt

200g Vollmilchschokolade

SPLITTER AUS SALZIGEM KARAMELL, UMHÜLLT MIT VOLLMILCH-SCHOKOLADE – DANACH KÖNNTE MAN GERADEZU SÜCHTIG WERDEN! ZU HAUSE IST ES SCHWIERIG, SIE GLEICHMÄSSIG RECHTECKIG HINZUBEKOMMEN, ABER DER GESCHMACK IST ALLEMAL DERSELBE.

| In einer antihaftbeschichteten Pfanne mit hohem Rand Zucker, Honig, Butter und 20ml Wasser verrühren. Zum Kochen bringen und anschließend köcheln lassen, bis ein heller rötlich-brauner Karamell entsteht: Das Thermometer sollte 148 °C anzeigen.

| Mandeln dazugeben, rasch einrühren und die Masse unverzüglich in eine mit einer Silikonbackmatte ausgelegte Auflaufform gießen.

| Den Karamell eine Weile abkühlen lassen, dann mit einem großen Messer in Quadrate einteilen: Sobald er trocken ist, wird er mit der Hand geschnitten. Falls sich Fäden bilden oder die Markierungen verschwimmen, wurde der Karamell vermutlich zu lange gekocht: Das ist nicht tragisch! Noch etwa eine Viertelstunde fest werden lassen, dann von Hand in große Splitter brechen.

| Schokolade im Wasserbad schmelzen, die Karamellstücke in die etwas abgekühlte Schokolade tauchen und auf einem Rost abtropfen lassen. Bis zum Servieren 1 Std. bei Zimmertemperatur fest werden lassen.

HALTBARKEIT | in einem luftdichten Behälter 3 Wochen

TIPP

OJE, AM RÜHRSPATEL UND IM TOPF KLEBEN KARAMELLRESTE ... KEINE SORGE: ES GENÜGT, ALLES IN KOCHEND HEISSEM WASSER EINZUWEICHEN, DANN SCHMILZT DER ZUCKER!

MARSHMALLOWS

FÜR ETWA 30 MARSHMALLOWS

VORBEREITUNG
20 Min.

RUHEZEIT
4 Std.

KOCHZEIT
15 Min.

ZUTATEN

3 große Eier in Bioqualität

240 g Zucker

50 g flüssiger Honig (Akazien- oder Blütenhonig)

5 Blatt Gelatine (10 g)

FÜR VANILLE-MARSHMALLOWS
1 Vanilleschote

FÜR BUNTE, AROMATISIERTE MARSHMALLOWS
3 EL Sirup nach Wahl (Rose, Veilchen, Pfefferminze, Zitrusfrüchte ...)

¼ TL Lebensmittelfarbe in Pulverform (nach Belieben)

FÜR DEN ÜBERZUG
50 g Maisstärke

50 g Puderzucker

OB MAN SIE NUN NATURBELASSEN ODER KUNTERBUNT MAG, EINS IST JEDENFALLS SICHER: MIT „MÄUSESPECK" IM MUND KOMMT MAN NICHT MEHR ZU WORT!

| Gelatine in kaltem Wasser einweichen und gut ausdrücken.

| In einer großen Schüssel die Eiweiße mit dem elektrischen Handrührgerät oder mit einer Küchenmaschine auf niedriger Stufe steif schlagen.

| In einem Stieltopf 110 ml Wasser sowie Zucker, Honig und Vanillemark oder Aromasirup zum Kochen bringen. Mithilfe eines Zuckerthermometers die Gartemperatur überprüfen: Sie soll 114 °C betragen.

| Die flüssige Mischung nach und nach zu dem Eiweiß einlaufen lassen, dabei ständig weiterschlagen und die Gelatine zugeben, solange die Mischung heiß ist. Die Küchenmaschine auf höchste Geschwindigkeit stellen: Die Masse wird nun schaumig und glänzend. Nach Wunsch Farbstoff hinzufügen. Weiterschlagen, bis die Schaumzuckermasse abgekühlt ist: Beim Prüfen der Temperatur mit dem Finger sollte sie sich nicht mehr warm anfühlen.

| Maisstärke und Puderzucker in eine Schüssel sieben und vermischt in eine mit Backpapier ausgelegte Auflaufform geben. Die Marshmallow-Masse in die Form füllen und mit einem biegsamen Spatel die Oberfläche glatt streichen. 4 Std. bei Zimmertemperatur abkühlen und fest werden lassen.

| Die Masse zuerst in Streifen, dann in Würfel schneiden oder Figuren ausstechen und die Stücke im Rest der Puderzucker-Stärke-Mischung wälzen, damit sie nicht zusammenkleben.

HALTBARKEIT | in einer luftdichten Dose 10 Tage

TIPP

UM GELBE MARSHMALLOWS HERZUSTELLEN, IST DER WIRKSAMSTE LEBENSMITTELFARBSTOFF SAFRAN. LÖSEN SIE IHN IN WASSER AUF, WENN SIE DEN SIRUP ZUBEREITEN.

GUIMAUVES
À LA VANILLE
GUIMAUVES
À LA VIOLETTE

NUSS-NUGAT-**PRALINEN**

FÜR ETWA 10 PRALINEN

VORBEREITUNG
25 Min.

KÜHLZEIT
1 Std.

KOCHZEIT
10 Min.

RUHEZEIT
30 Min.

ZUTATEN

FÜR DEN KORPUS

150g Vollmilchschokolade

150g Haselnuss-Nugat

60g Butter

20g Milchpulver

10g ungezuckertes Kakaopulver

FÜR DEN ÜBERZUG

50g ganze Haselnüsse

30g Zucker

150g Vollmilchschokolade

DIESE PRALINEN SIND DER GIPFEL DES SÜSSEN GENUSSES, DEN WIR OHNE ZÖGERN ERKLIMMEN!

| Den Korpus zubereiten: Schokolade zusammen mit der Nuss-Nugat-Creme im Wasserbad schmelzen. Vom Herd nehmen und die in Stücke geschnittene Butter, Milchpulver und den gesiebten Kakao dazugeben.

| Diese Mischung 2,5 cm hoch in eine Silikonbackform füllen, mit Frischhaltefolie abdecken und 1 Std. im Kühlschrank ruhen lassen, damit die Masse fest wird.

| Mit einer Ausstechform Pralinen mit 3,5 cm Durchmesser ausstechen und in den Kühlschrank stellen, während man den Überzug zubereitet.

| Haselnüsse grob hacken, in eine antihaftbeschichtete Pfanne geben und mit Zucker bestreuen. Rösten, bis die Nüsse karamellisieren.

| Schokolade im Wasserbad schmelzen, vom Herd nehmen und die karamellisierten Haselnüsse dazugeben.

| Mithilfe einer Gabel jede Praline in die Nussschokolade tauchen und auf einem Rost oder einem Stück Backpapier sorgfältig abtropfen lassen. Bis zum Servieren 30 Min. fest werden lassen.

HALTBARKEIT | in einer luftdichten Dose im Kühlschrank 5 Tage

TIPP

SELBSTVERSTÄNDLICH STEHT ES IHNEN FREI, DIE SCHOKOLADENSORTEN FÜR DEN ÜBERZUG ZU VARIIEREN! ZARTBITTER-, WEISSE ODER VOLLMILCHSCHOKOLADE, ALL DAS HARMONIERT MIT DEN NUSSPRALINEN.

RAFFINIERT

SAHNEKARAMELL-BONBONS MIT SALZBUTTER

SÜSS UND SALZIG ZUGLEICH – WAS FÜR EINE GAUMENFREUDE!

FÜR ETWA 30 KARAMELLBONBONS

VORBEREITUNG
15 Min.

RUHEZEIT
1 Nacht

KOCHZEIT
20 Min.

ZUTATEN

200 g Zucker

100 g flüssiger Honig (Akazien- oder Blütenhonig)

150 ml Schlagsahne

30 g leicht gesalzene Butter

| Aus Zucker und Honig einen Karamell zubereiten (siehe S. 24).

| Unterdessen die Sahne auf etwa 80 °C erhitzen (ein Küchenthermometer verwenden): Das lässt sich problemlos im Mikrowellenherd machen.

| Sobald der Karamell goldgelb ist, vom Herd nehmen und unter ständigem Rühren mit einem Spatel die Sahne nach und nach einlaufen lassen. Vorsicht, es kann spritzen!

| Zum Kochen bringen und anschließend köcheln lassen, bis ein heller rötlich-brauner Karamell entsteht: Das Thermometer sollte 117 °C anzeigen.

| Vom Herd nehmen, Butter dazugeben und unter Rühren schmelzen.

| Die Karamellmasse auf eine mit Backpapier ausgelegte große rechteckige Platte gießen. Oberfläche glatt streichen, solange der Karamell noch warm und formbar ist, dann über Nacht bei Zimmertemperatur fest werden lassen.

| Mit einem Sägemesser den Karamell in Würfel schneiden und diese als Bonbons in Transparentpapier einwickeln.

HALTBARKEIT | in einer luftdichten Dose 3 Wochen

KUGELRUNDE LOLLIS

FÜR 10 LUTSCHER

VORBEREITUNG
20 Min.

KOCHZEIT
20 Min.

RUHEZEIT
1 Std.

ZUTATEN
125g Zucker

25g flüssiger Honig (Akazien- oder Blütenhonig)

ZUM AROMATISIEREN (NACH BELIEBEN)
Natürliches Aroma (entsprechend den Angaben des Herstellers) + flüssige Lebensmittelfarbe

2 EL Sirup (nach Belieben)

EIN PERFEKTER ZEITVERTREIB FÜR EINEN VERREGNETEN SONNTAG.

| 50ml Wasser mit dem Zucker zum Kochen bringen. Honig dazugeben, das Ganze auf 120 °C erhitzen (Temperatur mit einem Zuckerthermometer überprüfen).

| Aroma und Farbstoff, alternativ den Sirup, hinzufügen und auf 150 °C erhitzen. Sobald diese Temperatur erreicht ist, den Boden des Topfes in ein Gefäß mit kaltem Wasser stellen, damit es nicht weiterkocht.

| Die Masse in eine Silikonbackform mit kleinen Halbkugeln füllen und sofort Stiele in die Lutscher stecken.

| Mindestens 1 Std. abkühlen lassen, aus der Form lösen … und lutschen!

HALTBARKEIT | in Transparentfolie verpackt und vor Feuchtigkeit geschützt 2 Monate

FALLS SIE KEINE SILIKONBACKFORM MIT KLEINEN KUGELN HABEN, KÖNNEN SIE AUCH EINE FÜR MINI-TARTELETTES NEHMEN. DANN ERHALTEN SIE RUNDE, FLACHE LUTSCHER … WIE FRÜHER!

TIPP

100 % NATÜRLICH
HAUS
GEMACHT

Mittel

VANILLEEIS MIT SCHOKOLADE

FÜR 6–8 PERSONEN

VORBEREITUNG
20 Min.

KOCHZEIT
5–7 Min.

KÜHLZEIT
30 Min.

GEFRIERZEIT
6 Std.

ZUTATEN

FÜR DAS VANILLEEIS

400 ml Magermilch

400 ml Schlagsahne mit 30 % Fett

170 g Zucker

1 Vanilleschote

5 Eigelb von Eiern in Bioqualität

FÜR DIE KNUSPERSCHOKOLADE

50 g Zartbitterschokolade

VANILLEEIS, EINE KNACKIGE SCHOKOLADENPLATTE UND DAMIT BASTA! ENDLICH SCHLUSS MIT GLUKOSE-FRUKTOSE-SIRUP, EMULGATOREN UND STABILISATOREN!

| Das Vanilleeis zubereiten wie auf S. 127 beschrieben und in die Eismaschine geben.

| Während das Eis fest wird, die Schokoladenplatten zubereiten: Die in Stücke gehackte Schokolade im Wasserbad schmelzen.

| Zwei große, flache Formen mit Backpapier auslegen. Jeweils die Hälfte der geschmolzenen Schokolade auf eine Form gießen und mit einem Pinsel über die gesamte Fläche dünn verstreichen.

| Die Formen für 30 Min. in den Kühlschrank stellen, damit die Schokolade fest wird.

| In eine 26 cm lange Kastenform eine dünne Schicht Vanilleeis geben. Schokoladenplatten von der Unterlage ablösen, mit den Händen zerbrechen und das Eis damit bedecken. Darauf wieder Vanilleeis schichten, danach Schokoladenblätter. So weitermachen, bis alle Zutaten aufgebraucht sind.

| Die Oberfläche glatt streichen, die Kastenform mit Frischhaltefolie abdecken und für mindestens 6 Std. ins Gefrierfach stellen.

| Die Eiskreation mindestens 10 Min. vor dem Servieren aus dem Gefrierfach nehmen. Damit sie sich besser aus der Kastenform löst, den Boden der Form kurz in warmes Wasser tauchen. In Scheiben geschnitten servieren.

HALTBARKEIT | im Gefrierfach 1 Monat

TIPP

SIE KÖNNEN IHRE VANILLEEISCREME UNMITTELBAR VOR DEM SERVIEREN AUCH MIT EIN WENIG KARAMELL- ODER HEISSER SCHOKOLADENSOSSE GARNIEREN.

RAFFINIERT

GEHEIMNISVOLLE EISKUPPELN

WAS FÜR EIN HIMMLISCHER GENUSS!

FÜR 6 PORTIONEN

VORBEREITUNG
40 Min. (am besten am Vortag)

GEFRIERZEIT
2 Std.

KOCHZEIT
55–65 Min.

RUHEZEIT
30 Min.

ZUTATEN

FÜR DAS EIS

400 ml Magermilch

400 ml Schlagsahne mit 30 % Fett

170 g Zucker

1 Vanilleschote

5 Eigelb von Eiern in Bioqualität

FÜR DAS BAISER

1 Eiweiß von einem Ei in Bioqualität

2 Tropfen Zitronensaft

30 g Grießzucker

30 g Puderzucker

FÜR DEN HASELNUSSKROKANT

150 g Haselnüsse, ungeschält

150 g Zucker

FÜR DEN KARAMELL

100 g Zucker

1 TL flüssiger Honig

½ TL Zitronensaft

| Das Vanilleeis zubereiten wie auf S. 127 beschrieben.

| Das Baiser zubereiten: Backofen auf 100 °C (Umluft 85 °C) vorheizen. Mit einem Handrührgerät das Eiweiß mit dem Zitronensaft steif schlagen. Sobald es schaumig ist, den Grießzucker einrieseln lassen und weiterschlagen. Wenn die Masse glänzend wird, den Puderzucker dazugeben und noch ein paar Sek. weiterschlagen.

| Mit einem Löffel oder einem Spritzbeutel kleine Baiser-Häufchen auf ein mit Backpapier ausgelegtes Backblech setzen. Im Backofen 40–50 Min. vorsichtig backen, bis die Baisers vollständig getrocknet sind. Abkühlen lassen, erst danach vom Backpapier ablösen.

| Kuppelform herstellen: Vanilleeis in eine Silikonbackform mit halbkugelförmigen Vertiefungen von 7 cm Durchmesser (zu drei Viertel) füllen.

| Je ein Baiser-Häufchen in die Mitte drücken, sodass die Masse etwas ansteigt. Das Ganze für 2 Std. ins Gefrierfach stellen.

| Unterdessen den Haselnusskrokant zubereiten: Backofen auf 150 °C (Umluft 130 °C) vorheizen. Haselnüsse auf ein Backblech geben und im Backofen 15 Min. hellbraun rösten.

| Den Karamell zubereiten (siehe S. 24). Sobald er goldgelb ist, die gerösteten Haselnüsse hinzugeben und kräftig unterrühren, um sie so zu überziehen.

| Diesen Krokant auf ein mit einer Silikonbackmatte ausgelegtes Backblech geben. 30 Min. bei Zimmertemperatur fest werden lassen und mit den Händen in Splitter brechen.

| Diese Stücke in kleinen Mengen kurz in einer Küchenmaschine zerkleinern.

| Vor dem Servieren die Halbkugeln aus dem Gefrierfach nehmen und für 10 Min. in den Kühlschrank stellen, damit sie etwas weicher werden. Haselnusskrokant auf einen Teller geben, „Eiskuppeln" rasch darin wälzen. Zusammen mit den restlichen Baisers sofort servieren.

HALTBARKEIT | im Gefrierfach etwa 1 Monat

Mittel

SUPERSAHNIGES **VANILLEEIS**

FÜR 1 LITER

VORBEREITUNG
15 Min.

ZIEHZEIT
15 Min.

KOCHZEIT
5–7 Min.

KÜHLZEIT
2 Std.

ZUTATEN
400 ml Magermilch

400 ml Schlagsahne mit 30 % Fett

170 g Zucker

1 Vanilleschote

5 Eigelb von Eiern in Bioqualität

VOLLMUNDIG, ZARTSCHMELZEND, CREMIG … (SEUFZ) … EINE WAHRE SÜNDE, NUR EINE LÖFFELLÄNGE ENTFERNT.

| Milch, Sahne und Zucker in einem Topf verrühren.

| Vanilleschote der Länge nach aufschneiden, das Mark herauskratzen und in den Topf geben. Das Ganze zum Kochen bringen, vom Herd nehmen und zugedeckt 15 Min. ziehen lassen.

| Die Milch nach und nach über die Eigelbe gießen, zusammen in den Topf geben. Unter ständigem Rühren ein paar Min. bei niedriger Hitze köcheln lassen, damit die Eier-Milch-Creme dickflüssig wird.

| In eine Schüssel gießen und mit Frischhaltefolie abdecken. Bei Zimmertemperatur abkühlen lassen, dann für 2 Std. in den Kühlschrank stellen.

| Die Creme in der Eismaschine zu Eis verarbeiten. Das fertige Eis entweder gleich genießen oder bis zum Servieren ins Gefrierfach stellen.

HALTBARKEIT | im Gefrierfach 1 Monat (aber so lange können Sie ihm ohnehin niemals widerstehen!)

HAUSGEMACHTER **VANILLEZUCKER**

FÜR 50 G

VORBEREITUNG
5 Min.

ZIEHZEIT
Etwa 2 Wochen

ZUTATEN
1 Vanilleschote ohne Mark

100 g Grießzucker

DIE IDEALE VERWERTUNG DER AUSGEKRATZTEN VANILLESCHOTE, DIE SIE FÜR DAS EIS VERWENDET HABEN.

| Die Vanilleschote in 1 cm große Stücke schneiden und mit dem Grießzucker mischen.

| In ein Schraubglas oder eine luftdichte Blechdose füllen und etwa zwei Wochen ziehen lassen.

EINFACH

EISRAKETEN
EINFARBIG ODER GESTREIFT

FÜR 8 LUTSCHER

VORBEREITUNG
10 Min.

GEFRIERZEIT
3 Std.

ZUTATEN
7 Teile Wasser, abgemessen in einem Gefrierbehälter für Eislutscher

1 Teil Sirup, abgemessen in einem Gefrierbehälter für Eislutscher

WIE SCHÖN WAREN DOCH DIE BUNTEN WASSEREISLUTSCHER VON FRÜHER, MANCHMAL SOGAR IN RAKETENFORM - WAS WILL MAN MEHR AN EINEM HEISSEN SOMMERNACHMITTAG?

| Wasser und Sirup mischen. Da das Fassungsvermögen der Gefrierbehälter je nach Modell variiert und der Sirup mit 7 Teilen Wasser verdünnt wird, ist es einfacher, alles anhand der eigenen Behälter abzumessen.

| In Gefrierbehälter für Eislutscher in Raketenform oder andere Stieleisformen füllen und für mindestens 3 Std. ins Gefrierfach stellen.

| Alternativ kann man die Flüssigkeit in kleine Plastikgläser gießen. In diesem Fall für 1 Std. ins Gefrierfach stellen. Sobald die Masse fester geworden ist, Stiele oder Plastiklöffel hineinstecken.

| Falls Sie zwei- oder dreifarbiges Eis herstellen wollen: Die erste Flüssigkeit in die Behälter gießen und für 1,5 Std. ins Gefrierfach stellen, bis sie zu Eis erstarrt ist. Den nächsten Sirup darübergießen, erneut ins Gefrierfach stellen, bis das Eis fest geworden ist. In dieser Weise fortfahren, bis alle gewünschten Schichten eingefüllt sind.

HALTBARKEIT | im Gefrierfach 1 Monat

TIPP

ANSTELLE VON SIRUP KÖNNEN SIE AUCH FRUCHTSAFT NEHMEN. ACHTEN SIE DABEI ABER AUF DIE UNTERSCHIEDLICHE DICHTE VON FRUCHTSAFT UND GESÜSSTEM FRUCHTNEKTAR: WENN SIE SCHICHTEIS MACHEN, FANGEN SIE MIT DEM SÜSSEREN NEKTAR ALS ERSTE SCHICHT AN.

Mittel

EIS AM STIEL
MIT SCHOKOGLASUR

FÜR 6 GROSSE PORTIONEN

VORBEREITUNG
30 Min.

ZIEHZEIT
15 Min.

KOCHZEIT
5–7 Min.

KÜHLZEIT
2 Std.

GEFRIERZEIT
2 Std.

ZUTATEN

FÜR DAS EIS

400 ml Magermilch

400 ml Schlagsahne mit 30 % Fett

170 g Zucker

1 Vanilleschote

5 Eigelb von Eiern in Bioqualität

FÜR DEN ÜBERZUG

200 g Zartbitter-, Vollmilch- oder weiße Schokolade

1 EL Öl nach Wahl: Sonnenblumen- (neutral im Geschmack), Walnuss-, Haselnuss- oder Pistazienöl

FÜR DIE VERZIERUNG (NACH BELIEBEN)

50 g Haselnüsse, Pistazien geröstete Mandeln oder Smarties, gehackt

WENN SIE DIESES HIER GEKOSTET HABEN, WOLLEN SIE NIE WIEDER WELCHES KAUFEN!

| Das Eis zubereiten: Milch, Sahne und Zucker in einem Topf verrühren. Vanilleschote der Länge nach aufschneiden, das Mark herauskratzen und in den Topf geben. Das Ganze zum Kochen bringen, vom Herd nehmen und zugedeckt 15 Min. ziehen lassen.

| Die Milch nach und nach über die Eigelbe gießen, zusammen in den Topf geben. Unter ständigem Rühren ein paar Min. bei niedriger Hitze köcheln lassen, damit die Eier-Milch-Creme dickflüssig wird.

| In eine Schüssel gießen und mit Frischhaltefolie abdecken. Bei Zimmertemperatur abkühlen lassen, dann 2 Std. in den Kühlschrank stellen.

| Die Creme in der Eismaschine zu Eis verarbeiten.

| Das Eis in 6 Stieleisformer füllen, etwas in die Form drücken und für 2 Std. ins Gefrierfach stellen.

| Eventuell die Eisbehälter kurz unter warmes Wasser halten und die Stieleis-Portionen herausnehmen. Auf Backpapier legen und wieder ins Gefrierfach stellen.

| Den Schokoüberzug zubereiten: Schokolade im Wasserbad schmelzen, möglichst nicht über 35 °C erhitzen (ein Küchenthermometer benutzen), damit sie schön glänzend bleibt. Vom Herd nehmen, Öl dazugeben und einrühren.

| Die Eis am Stiel nacheinander in die Schokolade tauchen und sorgfältig abtropfen lassen. Mit Haselnüssen, Pistazien, gerösteten Mandeln oder Smarties verzieren und bis zum Servieren wieder ins Gefrierfach legen.

HALTBARKEIT | im Gefrierfach 1 Monat

Mittel

EISBECHER SUNDAE

FÜR 5 PORTIONEN

VORBEREITUNG
20 Min.

KOCHZEIT
15 Min.

GEFRIERZEIT
30 Min.

ZUTATEN

FÜR DAS VANILLEEIS

400 ml Magermilch

400 ml Schlagsahne mit 30 % Fett

170 g Zucker

1 Vanilleschote

5 Eigelb von Eiern in Bioqualität

ZUM GARNIEREN (NACH BELIEBEN)

KARAMELLISIERTE ERDNÜSSE

25 g Zucker

125 g ungesalzene Erdnüsse

KARAMELLSOSSE

125 g Zucker

60 g leicht gesalzene Butter

40 g Mascarpone

SCHOKOLADENSOSSE

125 g Zartbitterschokolade

150 ml Schlagsahne

TOPPING (NACH BELIEBEN)

Schokodrops, Stücke von Schokoriegeln (siehe S. 115), Karamellsplitter in Vollmilchschokolade (siehe S. 116)

MMH! DAS BEGEHRTESTE DESSERT NACH EINEM HAMBURGER ODER EINEM HOTDOG!

Das Vanilleeis zubereiten wie auf S. 127 beschrieben und in die Eismaschine geben.

6 Gläser oder Förmchen ins Gefrierfach stellen.

Während das Eis fest wird, die Garnierung zubereiten. Für die Erdnüsse: Backofen auf 160 °C (Umluft 140 °C) vorheizen. Zucker und 25 ml Wasser zum Kochen bringen. Erdnüsse dazugeben und verrühren. In einer einzigen Schicht auf ein Backblech geben und im Backofen rösten, dabei regelmäßig wenden und im Auge behalten, damit die Erdnüsse nicht verbrennen.

Für die Karamellsoße: In einer Pfanne den Zucker karamellisieren, ohne ihn zu berühren oder umzurühren. Vom Herd nehmen, die in Stücke geschnittene Butter dazugeben und kräftig umrühren. Vorsicht, der heiße Zucker kann spritzen! Mascarpone hinzufügen und wieder kräftig rühren.

Für die Schokoladensoße: Die in Stücke geschnittene Schokolade im Wasserbad schmelzen, vom Herd nehmen, die Sahne hinzugeben und gut verrühren.

Kurz vor dem Servieren die Gläser aus dem Gefrierfach nehmen und die Eiscreme mithilfe eines Spritzbeutels mit (großer) Sterntülle verteilen. Eisbecher je nach Geschmack mit Karamell- bzw. Schokoladensoße, karamellisierten Erdnüssen oder anderen Toppings verzieren und sofort servieren.

TIPP

WENN MAN DIE GLÄSER WÄHREND DER ZUBEREITUNG INS GEFRIERFACH STELLT, SCHMILZT DAS EIS SPÄTER NICHT SO SCHNELL!

EINFACH

GRANATAPFELSIRUP (GRENADINE)

FÜR 1 FLASCHE

VORBEREITUNG
25 Min.

KOCHZEIT
5 Min.

ZUTATEN
3 große reife Granatäpfel

Zucker (nach Saftgewicht)

Saft von ¼ Zitrone

HEUTZUTAGE WIRD DAS GETRÄNK – BESTENFALLS – AUS EINER MISCHUNG ROTER BEEREN HERGESTELLT. DA VERGISST MAN FAST, DASS GRENADINE URSPRÜNGLICH AUS DEM SAFT VON GRANATÄPFELN ZUBEREITET WURDE. SIE KÖNNEN AUF GENUSSVOLLE WEISE ZUM URSPRUNG ZURÜCKKEHREN!

| Die Granatäpfel durch Halbieren öffnen und die Kerne aus den weißen Schutzhäutchen lösen. Gesammelte Kerne in den Entsafter geben. Man kann sie auch in einem Standmixer pürieren: In diesem Fall den Saft anschließend mindestens zweimal durchseihen, damit er frei von weißen Rückständen ist.

| Den gewonnenen Saft wiegen und dieselbe Menge Zucker abwiegen. Saft und Zucker in einem Topf verrühren, zum Kochen bringen und bei niedriger Hitze 10 Min. einkochen.

| Vom Herd nehmen, den Zitronensaft hinzufügen und einrühren.

| Noch heiß in eine sterilisierte Glasflasche (siehe S. 140) füllen und verschließen.

| Diesen Granatapfelsirup trinkt man verdünnt: 1 Teil Sirup auf 5 Teile Wasser.

HALTBARKEIT | in einer verschlossenen Glasflasche 6 Monate

TIPP

UM DIE GRANATAPFELKERNE OHNE IHRE BITTEREN WEISSEN SCHUTZHÄUTCHEN AUS DER FRUCHT ZU LÖSEN, KANN MAN DIE GRANATÄPFEL AUCH IN EINER SCHÜSSEL MIT WASSER ÖFFNEN: DIE KERNE SINKEN AB, WÄHREND DIE WEISSEN HÄUTCHEN AUF DEM WASSER SCHWIMMEN.

EINFACH

PFEFFERMINZSIRUP

ZUGEGEBEN, DIESER SIRUP HAT NICHT DAS INTENSIVE GRÜN EINES PFEFFERMINZSIRUPS AUS DEM SUPERMARKT – KEIN WUNDER, ER ENTHÄLT JA AUCH KEINEN FARBSTOFF! ABER DAFÜR IST DER GESCHMACK UNVERGLEICHLICH UND DER SIRUP IST ZU 100 PROZENT NATÜRLICH!

FÜR 300 ML

VORBEREITUNG
10 Min.

ZIEHZEIT
6–8 Std.

KOCHZEIT
10 Min.

ZUTATEN
30g frische Pfefferminzblätter (zwei große Sträuße)

2 TL Zitronensaft

150g Zucker

| Pfefferminzblätter abzupfen, waschen und mit einer Salatschleuder oder in einem Sieb trocknen.

| 300ml Wasser zum Kochen bringen. Die Blätter mit dem kochenden Wasser übergießen, zudecken und 6–8 Std. ziehen lassen.

| Die Pfefferminzblätter abseihen, dabei vorsichtig ausdrücken, damit möglichst viel Aroma zurückbleibt.

| Zucker und Zitronensaft in den Pfefferminzaufguss geben, zum Kochen bringen und bei niedriger Hitze 10 Min. köcheln lassen.

| Noch heiß in ein sterilisiertes Glasgefäß (siehe S. 140) füllen und das Ganze luftdicht verschließen.

HALTBARKEIT | Ungeöffnet hält sich der Sirup 2–3 Monate. Nach dem Öffnen im Kühlschrank aufbewahren und innerhalb eines Monats aufbrauchen.

TIPP

EISGEKÜHLTER SIRUP, MIT SPRITZIGEM MINERALWASSER AUFGEFÜLLT UND MIT VIEL GECRUSHTEM EIS SERVIERT, ERGIBT DAS PERFEKTE GETRÄNK FÜR HEISSE SOMMERTAGE!

EINFACH

EISTEE

FÜR 1 LITER

VORBEREITUNG
10 Min.

ZIEH- UND KÜHLZEIT
1 Nacht + 1 Std.

ZUTATEN
80g Zuckersirup

2 Prisen Natron

2 EL schwarzer Tee

1 kleines Stück Zimtstange

FÜR DIE PFIRSICHVARIANTE
2 weißfleischige Pfirsiche

1 EL Zitronensaft

FÜR DIE VARIANTE MIT ZITRUS-FRÜCHTEN
1 Orange in Bioqualität

1 Zitrone in Bioqualität

LANGE BEVOR ES IHN IN DOSEN ODER TETRA PAKS GAB, BEREITETE MAN IHN AM VORTAG ZU UND SERVIERTE IHN IN EINER HÜBSCHEN GLASKARAFFE. LASSEN SIE DIESE TRADITION WIEDER AUFLEBEN!

| 1 l kaltes Wasser mit Zuckersirup und Natron vermischen.

| Den schwarzen Tee sowie ein kleines Stück Zimtstange in einen Papier-Teefilter geben und in das Wasser-Zuckersirup-Gemisch hängen.

| In den Kühlschrank stellen und über Nacht ziehen lassen.

| Am nächsten Tag den Teefilter entfernen. Für den Pfirsichtee: Die geschälten, entsteinen und pürierten Pfirsiche sowie den Zitronensaft hinzugeben. Abseihen und bis zum Servieren wieder kalt stellen. Für den Zitrusfrüchtetee: Die Schale der halben Orange und der Zitrone abreiben. Zusammen mit dem Orangensaft und dem Saft der halben Zitrone zum Tee geben.

| Für 1 Std. oder bis zum Servieren wieder in den Kühlschrank stellen.

HALTBARKEIT | im Kühlschrank 3 Tage

DAS NATRON VERHINDERT, DASS DER TEE BEIM LANGEN ZIEHEN BITTER WIRD.

TIPP

EINFACH

LIMONADE NACH GROSSMUTTERS ART

FÜR 1 LITER

VORBEREITUNG
10 Min.

ZIEHZEIT
4–5 Tage

ZUTATEN
1 Zitrone in Bioqualität

100 g Zucker

1 TL Cidre-Essig

EIN SPRUDELNDES GETRÄNK MIT ZITRONE KANN MAN AUF VIELERLEI ARTEN HERSTELLEN: INDEM MAN KOHLENSÄUREHALTIGES WASSER VERWENDET, ODER AUF TRADITIONELLE WEISE, INDEM MAN EIN ZITRONENGETRÄNK GÄREN LÄSST.

| Die Zitrone mit der Schale in kleine Stücke schneiden, die Kerne entfernen.

| 1 l Wasser zum Kochen bringen, Zucker, Essig und Zitrone hineingeben.

| Zudecken und bei Zimmertemperatur 4–5 Tage gären lassen: Die Flüssigkeit soll leicht zu schäumen beginnen.

| Abseihen und in eine zuvor sterilisierte Glasflasche (siehe S. 140) füllen, dabei oben 5 cm Luft lassen. Im Kühlschrank aufbewahren.

HALTBARKEIT | im Kühlschrank 10 Tage

SCHNELLE LIMONADE

FÜR 1 LITER

VORBEREITUNG
5 Min.

KÜHLZEIT
2 Std.

ZUTATEN
2 große Zitronen in Bioqualität

1 EL Zuckersirup (oder Agavensirup)

750 ml kohlensäurehaltiges Wasser

| Die Zitronen gründlich mit heißem Wasser waschen.

| Mit der Schale in Würfel schneiden und die Kerne entfernen.

| Zitronenwürfel mit 100 ml stillem Wasser und dem Zuckersirup mit einem Pürierstab oder in einem Standmixer zu einer sämigen Paste pürieren.

| Mit dem kohlensäurehaltigen Wasser mischen und für 2 Std. in den Kühlschrank stellen.

| Direkt vor dem Servieren abseihen.

HALTBARKEIT | im Kühlschrank 1 Woche

100 %
NATÜRLICH

NÜTZLICHE TECHNIKEN

GLÄSER UND FLASCHEN STERILISIEREN

Zum Aufbewahren von Konfitüren, Ketchup oder Brotaufstrichen sollten Sie stets sterilisierte Gläser verwenden. Nach dem Spülen gibt es dafür zwei Möglichkeiten:

| Die Gläser 15 Min. in kochendes Wasser tauchen (die Deckel nicht vergessen!).

| Für 20 Min. in den auf 150 °C (Umluft 130 °C) vorgeheizten Backofen stellen. Anschließend nicht bis zum Rand füllen, sofort verschließen und zum Abkühlen auf den Kopf stellen.

SCHOKOLADE TEMPERIEREN

Für einen glänzenden, knackigen Schokoladenüberzug müssen Sie die Schokolade temperieren, das heißt, bei einer bestimmten Temperatur schmelzen, bei einer anderen abkühlen lassen und dann von Neuem leicht erwärmen. Sie brauchen dafür unbedingt ein Thermometer! Wenn Sie sich gegen das Temperieren entscheiden, werden Ihre Kekse eine matte Glasur haben, was den Geschmack aber keineswegs beeinträchtigt. Wenn Sie jedoch Ihre Gäste mit Ihrem Profi-Können beeindrucken wollen, verraten wir Ihnen hier das Geheimnis:

| Zartbitterschokolade: Schmelzen, bis die Temperatur etwa 50 °C erreicht, anschließend auf 28 °C abkühlen lassen und erneut auf maximal 30–32 °C erwärmen.

| Vollmilchschokolade: Bei 45 °C schmelzen, anschließend auf 27 °C abkühlen lassen und erneut auf maximal 30 °C erwärmen.

Noch einfacher: Benutzen Sie Ihr Gefrierfach! Indem Sie einen Temperaturschock zwischen dem zu überziehenden Keks und der geschmolzenen Schokolade erzeugen, erzielen Sie einen schönen Schokoladenmantel. Dafür gehen Sie folgendermaßen vor: 15–30 Min. im Voraus die Teile, die Sie glasieren wollen (Riegel, Kekse, Kleingebäck etc.), flach ins Gefrierfach legen. Schokolade schmelzen, die Kekse nach und nach aus der Tiefkühlung nehmen und Stück für Stück eintauchen. So kristallisiert die Schokolade viel schneller, wird im Nu fest und es entsteht ein glatterer Überzug.

TEIG DÜNN AUSROLLEN

Keksteig ist häufig klebrig und nicht immer leicht zu verarbeiten. Er muss unbedingt in den Kühlschrank. Dafür sind große Gefrierbeutel sehr praktisch, denn man kann so den Teig vorab zu einem Fladen ausrollen, wodurch er schneller fest wird.

Um den Teig nicht zu sehr mit Mehl bestäuben zu müssen – was Geschmack und Konsistenz verändert –, verarbeitet man ihn am besten zwischen zwei Silikonbackmatten oder zwei Lagen Backpapier. Für Cracker können Sie auch eine Nudelmaschine verwenden.

CRACKER & CO AUSSCHNEIDEN

Sehr dünn ausgerollte Teige können leicht reißen. Hier leisten ein scharfes Messer oder ein Cutter gute Dienste. Oder noch besser: ein Pizzaschneider, mit dem man schnell und präzise arbeiten kann.

HÄUFIG GESTELLTE FRAGEN

DAS ERGEBNIS IST SEHR LECKER, ABER WARUM SCHMECKT ES ANDERS ALS DAS PRODUKT AUS DEM SUPERMARKT?

Die meisten Rezepte wurden nach der Zutatenliste auf der Verpackung gängiger Produkte konzipiert. Schwer zu beschaffende Zutaten sowie umstrittene Inhaltsstoffe wie Glukose-Fruktose-Sirup, Palmöl und alles, was nicht unbedingt für den Geschmack notwendig ist (Farbstoffe, Verdickungsmittel), wurden ausgetauscht.

So wurde Glukose-Fruktose-Sirup durch Zucker ersetzt, manchmal noch durch etwas Honig, da er Lebensmittel feucht und somit saftig hält: perfekt zum Beispiel für butterweichen Biskuit.

Was die Fette betrifft, so findet sich auf industriell hergestellten Lebensmitteln häufig die Bezeichnung „pflanzliche Fette" oder „pflanzliche Öle". Dabei kann es sich um gehärtete Pflanzenöle in fester Form handeln (z. B. in Keksen, Chips, Margarine). Durch die Härtung von Pflanzenöl entstehen Trans-Fettsäuren, deren erhöhter Konsum ein gesundheitliches Risiko darstellt. Dabei kann man gut ohne sie auskommen! In den Rezepten wurden sie durch Raps- oder Sonnenblumenöl, Butter oder eine Mischung aus beidem ersetzt.

Und zu guter Letzt: Da Speisen schließlich nicht über Monate hinweg haltbar sein müssen, kann auf Emulgatoren, Konservierungsstoffe und andere Zusatzstoffe verzichtet werden.

WARUM SIND MEINE HAUSGEMACHTEN PRODUKTE NICHT SO LANGE HALTBAR WIE SUPERMARKTPRODUKTE?

Ihre Küche ist keine sterile Fertigungsstraße! Außerdem wurden jegliche Konservierungsstoffe aus den Rezepten verbannt. Dennoch gibt es ein paar Tricks, mit denen Sie noch länger etwas von Ihren selbst gemachten Köstlichkeiten haben:

- Geben Sie allen Hefeteigen (Brioches, Brot ...) ein paar Tropfen Essig oder Zitronensaft hinzu.
- Wählen Sie für trockene Mischungen (wie z. B. Müsli) Basisprodukte mit möglichst weit entferntem Mindesthaltbarkeitsdatum. Wenn Sie darauf achten, verlängert das auch die Haltbarkeit des Endprodukts.
- Verwenden Sie für Joghurts, Cremes und Desserts aus Milchprodukten zuvor sterilisierte Behälter.

WO GIBTS DIE ZUTATEN UND UTENSILIEN ZU KAUFEN?

Backformen, Keksausstecher und Hübsches zum Verpacken und Dekorieren

www.casa-di-falcone.de

www.kids-party-world.de (Dinosaurier-Ausstecher)

www.meincupcake.de (Butterkeks-Ausstecher)

www.backformen-silikon.de

www.backwelt24.de

Raketenförmchen für Eis am Stiel

www.rakuten.de

Vanilleextrakt

www.greatbritishfood.de

www.dinsesculinarium.de

Flüssiges Lab zur Frischkäse-Herstellung

www.hbs24.com

www.gastro-brauen.de

www.jean-puetz-produkte.de

Joghurtferment

www.avogel.de

www.oekocare.de

Fleur de Sel, Vergeoise-Zucker und viele wunderbare Gewürze

www.zaubedergewuerze.de

www.gewuerzkarawane.de

www.deli-vinos.de

www.spirit-of-spice.de

REGISTER

Bibliografische Information der Deutschen Bibliothek.

Die Deutsche Bibliothek verzeichnet diese Publikation in der deutschen Nationalbibliografie.

Detaillierte bibliografische Daten sind im Internet über http://www.dnb.de/ abrufbar.

EIN BUCH DER EDITION MICHAEL FISCHER

1. Auflage 2014

Erstveröffentlicht bei Éditions Solar, Paris

Titel der Originalausgabe: La petite épicerie du fait-maison

Aus dem Französischen übertragen von Regine Schmidt

Covergestaltung: Tim Anadere

ISBN: 978-3-86355-206-0

Printed in China

www.editionfischer.de

MIT LIEBE GEMACHT
MINDESTENS HALTBAR BIS
100% NATÜRLICH
100 % NATÜRLICH
MINDESTENS HALTBAR BIS
MINDESTENS HALTBAR BIS
einfach köstlich!
MINDESTENS HALTBAR BIS
MIT LIEBE GEMACHT
100% HAUSGEMACHT
100 % NATÜRLICH
MARKE HAUSGEMACHT
EIN GENUSS
EINE GAUMENFREUDE
MINDESTENS HALTBAR BIS
100 % ZUFRIEDENHEIT
ORIGINAL
Mmh! Mmh!
EINZIGARTIG
HAUSGEMACHTE KÖSTLICHKEIT
MINDESTENS HALTBAR BIS
HERGESTELLT AM
MINDESTENS HALTBAR BIS